Bienvenue à Lisbonne

Calçada portuguesa sur la praça Dom Pedro IV.
D. Hyniewska/age fotostock

Arriver à Lisbonne

EN AVION

Depuis l'aéroport international de Portela

Env. 6 km au nord du centre-ville.
Métro – La ligne rouge relie l'aéroport au centre-ville en env. 30mn.
Navettes – L'aérobus 1 rejoint le centre (Rossio, praça do Comércio, Cais do Sodré) en 30mn *(ttes les 20mn, 7h-23h)* ; l'aérobus 2 relie le centre financier (Entrecampos, Sete Rios, Praça de Espanha, Avenida José Malhoa) *(ttes les 30mn, 7h30-23h)* ; 3,50 € le billet (valable toute la journée dans les transports en commun, sauf métro). Le bus 208 (Cais do Sodré) dessert le centre en 45mn de 0h30 à 5h35, le bus 705 la station d'Oriente (seulement en semaine), le 744 la praça Marquês de Pombal, et le 783 les Amoreiras. Billet 1,80 € (tarif à bord). Trajets et plan du réseau : www.carris.pt
Taxis - Comptez env. 15 € (supplément bagages 1,60 €) jusqu'au centre-ville de jour et 18 € les jours fériés et la nuit. Le *voucher* (bon prépayé), en vente au kiosque Ask Me Lisboa au prix fixe de 16 €, permet d'éviter tout abus *(Taxis p. 125)*.
Services – Bureau de change, bureau de poste et distributeur de billets dans le hall d'arrivée. Utile, le kiosque **Ask Me Lisboa** *(218 450 660, 7h-0h)* : plans et brochures, réservation d'hôtels, vente de la Lisboa Card *(p. 123)* et du *voucher* pour les taxis.

Portail néomanuélin de la gare de Rossio.
DANITADELIMONTSTOCK/DanitaDelimontAgency/agefotostock

EN TRAIN

Tous les trains internationaux (ou en provenance du nord et du centre du pays) s'arrêtent à l'**estação do Oriente**, située à l'entrée du Parc des Nations. Les trains poursuivent ensuite jusqu'à leur terminus, l'**estação Santa Apolónia**, près du centre-ville, qui dispose d'un point d'accueil touristique *(218 821 606 - mar.-sam. 7h30-21h30)*.
Estação do Cais do Sodré – Trains pour Estoril et Cascais *(ttes les 20mn, de 5h30 à 1h30 ; 40mn de trajet)*.
Estação do Rossio – Pour la côte ouest et Sintra *(ttes les 30mn, de 6h à 1h ; 35mn de trajet)*.
Information : 707 210 220 - www.cp.pt

Spécial transports

***Horaires :** métro 6h30-1h ; bus et tramways 7h-1h.*
Forfaits les plus intéressants :
***Carte Viva Viagem/7 Colinas** – Valable dans les métros, trams, bus et funiculaires, rechargeable à volonté - 0,50 € pour la carte (p. 126).*
***Lisboa Card** – Vendue dans les offices de tourisme (p. 123), accès illimité aux transports en commun, gratuité dans certains musées et réductions - 18,50 €/24h ; 31,50 €/48h ; 39 €/72h.*

Les immanquables

notre sélection des plus beaux sites

L'Alfama★★
Plan F6-7 - p. 22

Elevador de Santa Justa★★
Plan E6 - p. 39

Museu Nacional de Arte Antiga★★★
Plan C7 - p. 56

Pálacio dos Marqueses de Fronteira★★★
Plan A1-2 - p. 78

Praça do Comercio★★
Plan EF7 - p. 20

Torre de Belém★★★
Hors plan par A8 - p. 66

Museu Gulbenkian★★★
Plan D2 - p. 75

Parque das Nações★★
Hors plan par H3 - p. 58

Miradouro da Senhora do Monte★★
Plan F5 - p. 32

Mosteiro dos Jerónimos★★★
Hors plan par A8 - p. 63

Nos coups de cœur

Escalader les ruelles tortueuses à bord du tramway 28, pour avoir un aperçu des différents visages, tous attachants, du cœur de Lisbonne. Touristique, mais irrésistible et tellement couleur locale ! *Voir p. 126.*

Contempler la ville d'en haut depuis les miradouros. Bâtie sur sept collines, Lisbonne s'offre sous un angle toujours différent depuis d'innombrables belvédères, idéalement dotés de bancs et d'un kiosque pour prendre un verre. Autant d'incitations à la paresse et à la rêverie. *Voir p. 26, 32 et 46.*

P. Hauser/hemis.fr

L'entrée du bar Pensão Amor, dans le Chiado.

Prendre un café en terrasse sur la praça do Comércio. Bordée de nobles bâtiments néoclassiques couleur safran, ornée de la statue équestre du roi José Ier, l'une des plus belles places d'Europe s'ouvre symboliquement sur le Tage, antichambre de lointains ailleurs. *Voir p. 20.*

Siroter un verre dans l'un des bars du Bairro Alto et du Chiado, dont la décoration rivalise d'audace et d'inventivité. Dans ces lieux accueillants et conviviaux, on entend toutes sortes de musiques en goûtant les meilleurs vins portugais ou d'improbables cocktails. *Voir p. 98.*

Visiter Lisbonne sans **goûter aux pastéis de nata** serait impardonnable ! Où ? Dans l'un des petits salons ornés d'azulejos de l'Antiga Confeitaria de Belém bien sûr ! *Voir p. 101.*

Admirer les ors de la chapelle São João Baptista de l'église São Roque, merveille baroque aux matériaux d'une richesse inouïe, réalisée à Rome et acheminée jusqu'à Lisbonne. *Voir p. 45.*

Flâner dans le **quartier aristocratique et tranquille de Lapa**, avec ses grands et beaux immeubles couleur pastel. Une promenade qui pourra s'achever au délicieux **jardim da Estrela**. *Voir p. 51.*

J. Arnold/hemis.fr

La praça do Comércio, ouverte sur le Tage.

Prendre de la hauteur : en un clin d'œil, l'elevador de Santa Justa délaisse l'agitation de la Baixa pour rejoindre une place ombragée dans les hauteurs paisibles du Chiado. Un voyage vertical au cœur de la ville. *Voir p. 39.*

Découvrir la collection de primitifs portugais du Museu Nacional de Arte Antiga et le polyptyque de l'*Adoration de saint Vincent*, portrait de groupe des forces vives d'un royaume parti à la découverte de l'inconnu. *Voir p. 56.*

S'offrir une séance shopping branchée. Comme en témoignent les alentours de la praça do Principe Real, où pullulent boutiques et restaurants branchés, la crise que traverse le pays n'entrave en rien l'inventivité des créateurs et des designers portugais. Bien au contraire ! *Voir p. 48.*

Goûter à la gastronomie portugaise et lisboète au Mercado da Ribeira. L'occasion unique de partager un dîner inoubliable sur de grandes tablées, au milieu d'une foule festive et animée. *Voir p. 57.*

S'échapper de Lisbonne pour **rejoindre la romantique Sintra**, avec ses palais délicieusement décadents, sa végétation exubérante et ses vastes parcs riches en surprises. *Voir p. 83.*

Lisbonne en 3 jours

JOUR 1

▶ *Matin*

Après le petit-déjeuner au café Nicola sur le **Rossio★** *(p. 16)*, partez à la découverte du quartier en damier de la **Baixa★★** *(p. 19)* jusqu'à arriver **praça do Comércio★★** *(p. 20)*, où vous pourrez prendre un verre à la terrasse de l'un des cafés de la place.

▶ *Midi*

Déjeunez dans un restaurant de la Baixa.

▶ *Après-midi*

Empruntez l'**elevador de Santa Justa★★** pour atteindre sans fatigue les hauteurs du **Chiado★** *(p. 39)*. Visitez l'**église São Roque★** *(p. 45)* toute proche, avant de vous offrir une pause-café au **mirador de São Pedro de Alcântara★** *(p. 46)* et profiter de la vue. Poussez jusqu'à la **praça do Principe Real** pour une séance de lèche-vitrines *(p. 48)*. Descendez l'une des ruelles du **Bairro Alto★** *(p. 45)* pour rejoindre la **praça Luis de Camões**, flâner **rua Garrett** et découvrir le **Museu Nacional do Chiado★** *(p. 40)*. De là, quelques pas vous mèneront à l'**Alto de Santa Catarina★★** *(p. 44)* pour assister au coucher de soleil.

M. Colin/hemis.fr

Docks d'Alcântara, au pied du pont du 25-Avril.

▶Soir
Dînez dans un restaurant du **Chiado** ou du **Bairro Alto**, avant de poursuivre la soirée dans l'un des nombreux bars de ce quartier.

JOUR 2

▶Matin
Grimpez jusqu'au **Castelo de São Jorge★★** *(p. 22)*, avant de vous perdre dans le quartier labyrinthique de l'**Alfama★★** *(p. 22)*. Visitez le **Museu do Fado** *(p. 27)* et la **Sé Patriarcal★★** *(p. 28)*.

▶Midi
Faites une pause-déjeuner dans une gargote populaire du quartier de l'Alfama.

▶Après-midi
Le tram 28E vous conduira dans le quartier de **Graça**. Après avoir découvert **São Vicente de Fora** *(p. 34)* et le **Panteão Nacional★** *(p. 36)*, descendez vers **Santa Apolónia**. Prenez ensuite le bus 794 pour rallier le passionnant **Museu Nacional do Azulejo★★** *(p. 37)*.

▶Soir
Prenez un taxi direction le **parque das Naçoes★★** *(p. 58)*, afin d'arriver à temps pour voir l'**Oceanário de Lisboa★★** *(dernière admission à 19h - p. 62)*. Flânez au bord du Tage, puis dînez dans un restaurant du quartier d'Oriente. Terminez la soirée par une virée au **casino** ou du lèche-vitrines au centre commercial Vasco-de-Gama.

Et si vous restiez 4 jours ?

Vous pourrez découvrir deux autres sites incontournables (à rallier en taxi) : le ***Palácio dos Marqueses de Fronteira★★★*** *le matin (p. 78), et le* ***Museu Gulbenkian★★★*** *l'après-midi (p. 75).*
En prenant le train, un quatrième jour peut aussi vous permettre de piquer une tête dans l'Océan (p. 86), ou de percer quelques-uns des secrets de la mystérieuse ***Sintra★★★*** *(départs de la gare du Rossio, p. 83).*

JOUR 3

▶Matin
Prenez le tram 15E à la praça da Figueira, en direction de **Belém★★**, pour découvrir le **Mosteiro dos Jerónimos★★★** *(p. 63)* et la célèbre **Torre de Belém★★★** *(p. 66)*.

▶Midi
Déjeunez dans un restaurant de Belém. Rien n'interdit de prévoir un panier pique-nique pour vous sustenter à moindres frais sur les rives du Tage ou dans le jardin en face du monastère.

▶Après-midi
Selon vos goûts, filez en taxi ou en tram visiter le **Museu Nacional de Arte Antiga★★★** et le **Museu do Oriente★★** *(p. 56)*, ou passez l'après-midi à Belém pour voir le **Museu-Colecção Berardo★★** *(p. 66)* et le **Museu Nacional dos Coches★★** *(p. 68)*.

▶Soir
Dînez sur les **docks de Santo Amaro ou d'Alcântara** *(p. 56)*, à la **LX Factory** *(p. 56)*, ou du côté de **Cais do Sodré** *(p. 57)*, par exemple au **Mercado da Ribeira**.

Visiter Lisbonne

Torre de Belém.
J. Arnold/hemis.fr

Lisbonne aujourd'hui

Postée à la pointe atlantique de l'Europe, dans l'estuaire du Tage, **Lisboa** (prononcer *Lijboa*) respire le vent du large à pleins poumons. Entre les deux énormes ponts qui bordent ses flancs, une nuée de cargos, ferries et voiliers sillonne sa rade majestueuse, surnommée la **mer de Paille** en raison de ses reflets dorés. Lisbonne, ses sept collines et ses ruelles serpentines... Ce serait un peu une Rome qui aurait eu des envies de voyage, poussant jusqu'à l'Atlantique pour regarder partir ses navires et contempler le temps qui passe.

La belle indolente

Vue d'en haut, la ville aux sept collines ressemble à un labyrinthe de ruelles et d'escaliers biscornus, coloré de toits roses et de façades ocre. Capitale cosmopolite, elle arbore toujours le visage enjôleur d'une vieille cité populaire, désordonnée et un peu canaille, aux ruelles étroites ornées de linge en train de sécher, aux tramways cahotants, aux balcons croulant sous les pots de fleurs. S'y promener est un régal, tant le spectacle de la rue est partout vivant, chaleureux, indolent : les chats qui paressent au soleil au milieu de la chaussée, les tavernes d'où s'échappent la rumeur les soirs de match et parfois un air de fado, les cireurs de chaussures postés sur les trottoirs pavés de noir et de blanc des **calçadas portuguesas**... Dans cette cité océane pétrie de songes, vous ne tarderez pas, vous aussi, à vous laisser envahir par la **saudade**, cette mélancolie joyeuse caractéristique de l'âme portugaise. Son pendant musical est le **fado**, beau et lancinant, qu'il faut partir écouter le soir, dans les petites tavernes du **Bairro Alto** et de l'**Alfama**. Lisbonne invite au rêve, à la flânerie, et même au vague à l'âme.

La cité pombalienne

La ville est réputée nonchalante. Mais que l'on ne s'y trompe pas. Derrière son air placide, Lisbonne est aussi la ville des brusques secousses et des changements imprévisibles. Quelques pas dans la **Baixa** suffisent d'ailleurs à s'en rendre compte : c'est ici, dans la ville basse, que la cité renaquit de ses cendres après le séisme de 1755, poussée par la volonté sans faille du marquis de Pombal, le Premier ministre de l'époque. Il en fit alors la vitrine de l'Europe, la rendit insolente de beauté, un symbole de prospérité ouvert sur le **Tage**, son décor rappelant que c'est par l'embouchure du fleuve que le Portugal s'est nourri durant cinq siècles d'une richesse venue d'outre-mer.

Une ville cosmopolite et populaire

Cinq siècles de domination romaine puis quatre d'occupation arabe ont laissé des traces. Déjà très cosmopolite à l'époque des Grandes Découvertes qui ont fait sa légende, Lisbonne reste une ville métisse et bigarrée, à l'atmosphère plus méditerranéenne qu'atlantique, et compte d'importantes communautés d'immigrés venus des anciennes colonies du Brésil, de Goa et d'Afrique. De l'**Alfama** au **Bairro Alto**, la capitale portugaise conserve son aspect populaire, ses *bairros* (quartiers) qui sont autant de villages où les générations se mêlent. Le système de l'*entreajuda* (l'entraide) permet de pallier les difficultés du quotidien et de faire oublier une réalité souvent plus rude : logements vétustes, boutiques et restaurants aux devantures tapissées de vieux journaux, car les faillites se sont multipliées depuis le début de la crise économique et financière.

Une capitale en mutation

Lisbonne s'est longtemps crue plus proche du Brésil et du Mozambique que de Paris et Londres. L'entrée du Portugal dans la Communauté économique européenne (CEE), en 1986, se fit certes sans brusque secousse, mais le bouleversement n'en fut pas moins total. La capitale portugaise décidait alors de se refaire une beauté, à grand renfort de grues et de marteaux-piqueurs. Les mégacentres commerciaux (**Amoreiras**, **Colombo**), le stade de la Luz (2003) ou les réalisations le long du Tage (**parc des Nations**, **quartier des docks**) témoignent de ce dynamisme. Mais dans l'ensemble, le nouveau visage de Lisbonne se construit moins avec du neuf qu'avec de l'ancien, auquel on s'attache à rendre tout son lustre. Ainsi, les azulejos, magnifiques carreaux d'azur habillant le métro et les édifices publics, et la dentelle de pierre des églises et des palais manuélins ont retrouvé leur éclat d'antan.

J. Arnold/hemis.fr

Terrasse dans la calçada do Duque, dans le Bairro Alto.

Le patrimoine artistique de Lisbonne ne se résume pas à ses monuments. Avec le **musée Calouste-Gulbenkian**, elle possède l'un des musées les plus riches d'Europe, pour ses collections d'arts décoratifs notamment. S'y est ajouté, le long du fleuve, le **musée d'Orient** (arts asiatiques) et, un peu plus loin, le **musée Berardo** (art moderne et contemporain), installé à l'ombre de la tour de **Belém**, dans le vieux quartier maritime d'où partirent les caravelles de Vasco de Gama au 16e s. L'ancien port d'attache des grands navigateurs conserve ainsi, avec fierté et nostalgie, le souvenir de ses épopées ultramarines et de ses lointaines colonies.

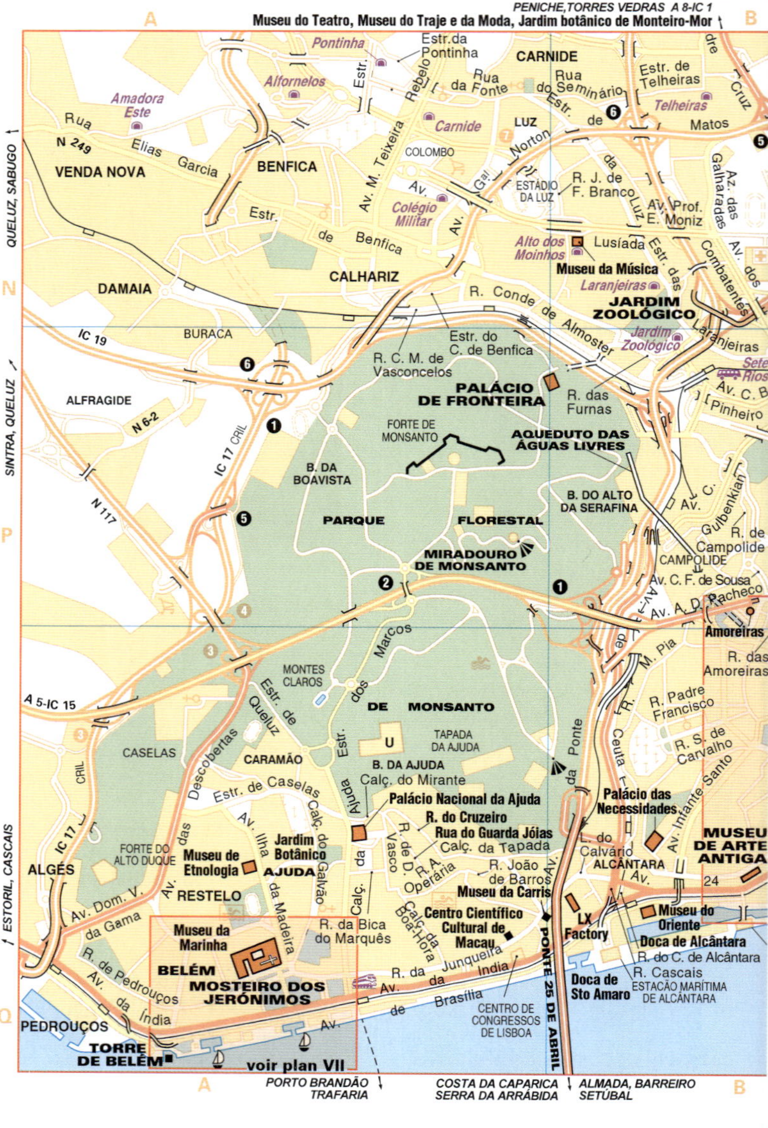
PENICHE, TORRES VEDRAS A 8-IC 1
Museu do Teatro, Museu do Traje e da Moda, Jardim botânico de Monteiro-Mor
A
B
N
P
Q
QUELUZ, SABUGO
SINTRA, QUELUZ
ESTORIL, CASCAIS
Pontinha
Estr. da Pontinha
CARNIDE
Alfornelos
Amadora Este
Estr.
Rebelo
Rua da Fonte
Rua do Seminário
Estr. de Telheiras
Telheiras
Cruz
Carnide
LUZ
Estr. de
Matos
Rua Elias Garcia
N 249
VENDA NOVA
BENFICA
Av. M. Teixeira
COLOMBO
Norton
Av. Gal.
ESTÁDIO DA LUZ
R. J. de F. Branco
da Luz
Av. Prof. E. Moniz
Az. das Galharadas
Colégio Militar
Estr. de Benfica
Alto dos Moinhos
Lusíada
Museu da Música
Estr. das Laranjeiras
Combatentes
Av. dos
DAMAIA
CALHARIZ
R. Conde de Almoster
Laranjeiras
JARDIM ZOOLÓGICO
Jardim Zoológico
Laranjeiras
IC 19
BURACA
Estr. do C. de Benfica
R. C. M. de Vasconcelos
Sete Rios
Av. C. B
Pinheiro
PALÁCIO DE FRONTEIRA
R. das Furnas
ALFRAGIDE
N 6-2
IC 17 CRIL
FORTE DE MONSANTO
AQUEDUTO DAS ÁGUAS LIVRES
B. DA BOAVISTA
N 117
B. DO ALTO DA SERAFINA
Av. C. Gulbenkian
PARQUE FLORESTAL DE MONSANTO
R. de Campolide
CAMPOLIDE
MIRADOURO DE MONSANTO
Av. C. F. de Sousa
Av. A. D. Pacheco
Amoreiras
R. das Amoreiras
Estr. dos Marcos
MONTES CLAROS
R. M. Pia
R. Padre Francisco
A 5-IC 15
Estr. de Queluz
R. S. de Carvalho
TAPADA DA AJUDA
CASELAS
CRIL
CARAMÃO
U
B. DA AJUDA
Calç. do Mirante
Av. Infante Santo
Estr. de Caselas
Av. das Descobertas
Ponte
Ceuta
Palácio Nacional da Ajuda
Palácio das Necessidades
Calç. do Galvão
R. do Cruzeiro
Rua do Guarda Jóias
Calç. da Tapada
IC 17
FORTE DO ALTO DUQUE
Museu de Etnologia
Jardim Botânico
AJUDA
R. de D. Vasco
R. A. Operária
R. João de Barros
L. do Calvário
ALCÂNTARA
MUSEU DE ARTE ANTIGA
Av. Ilha da Madeira
Calç. da Ajuda
ALGÉS
Av. Dom. V. da Gama
RESTELO
Museu da Carris
24
Centro Científico Cultural de Macau
Calç. da Boa-Hora
LX Factory
Museu do Oriente
Doca de Alcântara
R. do C. de Alcântara
R. da Bica do Marquês
Museu da Marinha
BELÉM
R. de Pedrouços
MOSTEIRO DOS JERÓNIMOS
R. da Junqueira
Av. da Índia
Av. de Brasília
R. Cascais
Doca de Sto Amaro
ESTAÇÃO MARÍTIMA DE ALCÂNTARA
CENTRO DE CONGRESSOS DE LISBOA
PONTE 25 DE ABRIL
PEDROUÇOS
TORRE DE BELÉM
voir plan VII
PORTO BRANDÃO TRAFARIA
COSTA DA CAPARICA SERRA DA ARRÁBIDA
ALMADA, BARREIRO SETÚBAL

SORTIR

Fábrica Braço de Prata.............. 17

INDEX DES RUES

La Baixa★★ et le Rossio★

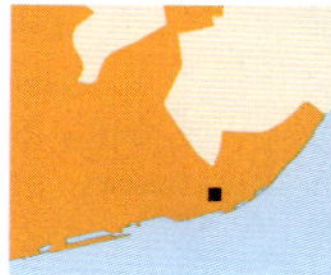

(La ville basse)

Du droit, du carré, du classique : la Baixa est longtemps restée la vitrine urbaine la plus enviée d'Europe, un quartier modèle bâti selon les principes des Lumières et les plans du marquis de Pombal, après le tremblement de terre de 1755. Elle demeure aujourd'hui encore le cœur névralgique de Lisbonne, un damier de rues très animées en journée, où il fait bon flâner, des rives du Tage à la praça Dom Pedro IV, plus couramment appelée « Rossio ».

▶**Accès :** M Baixa-Chiado, Rossio ou Restauradores. Tram 12E, 15E, 28E.
Plan de quartier p. 18. Plan détachable EF6-7.
▶**Conseils :** Privilégiez ce quartier en journée. Le soir, désertée par la foule, la Baixa n'est plus traversée que par les automobilistes. Une exception : la rua das Portas de Santo Antão, très animée en soirée.

PRAÇA DOS RESTAURADORES

Cette place doit son nom aux hommes qui, en 1640, se révoltèrent contre la domination espagnole et proclamèrent l'indépendance du Portugal. Au centre, un obélisque commémore l'événement.
L'ouest de la place est occupé par le **Palácio Foz**, construit à la fin du 18e s., par l'architecte italien Franceso Savario. La belle façade saumon abrite l'office du tourisme de Lisbonne et du Portugal (*p. 120*).
À gauche du palais Foz, l'**Eden Teatro** (***T1***), inauguré en 1937, conserve une partie de sa façade mi-Art déco mi-futuriste. Il abrite désormais un appart-hôtel (*« Nos adresses/Se loger », p. 113*).

RUA DAS PORTAS DE SANTO ANTÃO

Très animée en soirée, cette rue piétonne accueille salles de spectacle (le Coliseu dos Recreios au no 96), cafés, restaurants et commerces.
Au no 58, la **Casa do Alentejo** se niche dans l'ancien palais Alverca (fin 17e s.) et s'ouvre sur un insolite patio mauresque richement orné. Consacré à la promotion de l'Alentejo, le lieu comprend un restaurant (*p. 90*) et sert d'amicale aux habitants de cette région vivant désormais à Lisbonne.

ROSSIO★

La **praça Dom Pedro IV**, ou Rossio, grand-place très animée de la

Praça do Comércio.

VIRTVTIBVS
MAIORVM
VT SIT OMNIBVS DOCVMENTO. P.P.D.
SAÍDA
ENTRADA

SE RESTAURER
- A Palmeira....................20
- Casa do Alentejo..........21
- Gambrinus....................22
- Tentações de Goa.........24

PRENDRE UN VERRE
- A Ginjinha......................3
- Café Nicola.....................1
- Fragoleto........................5
- Pastelaria Suiça...........4
- Viniportugal...................2

SHOPPING
- A Outra Face da Lua....4
- Chi Coração..................5
- Conserveira de Lisboa..2
- Discoteca Amália..........7
- Garrafeira Nacional...........3
- Manuel Tavares..................1
- Pelcor.................................6

SORTIR
- Coliseu dos Recreios...........1

Éden Teatro **T1**
Teatro Nacional de São Carlos....**T2**
Teatro São Luis............................**T**

Baixa, existe depuis le 13e s. C'est le cœur battant de la ville, le lieu des grands rassemblements populaires, des fêtes et des défilés militaires. Sous l'Inquisition s'y déroulaient de terribles autodafés. Avant le séisme de 1755, elle abritait plusieurs bâtiments principaux de la ville. Sa configuration actuelle est l'œuvre du marquis de Pombal. En son centre se dresse la statue en bronze (1870) du roi Dom Pedro IV, premier souverain du Brésil, ainsi que deux fontaines baroques.
Remarquez la **façade★** néomanuéline (19e s.) de l'**estação do Rossio**.
La place est bordée d'immeubles pombalins, occupés au rez-de-chaussée par des cafés, dont le célèbre **Nicola** à la façade Art déco (*p. 97*). D'autres petits commerces ont conservé leur décoration du début du siècle. Près de Nicola, jetez un coup d'œil au débit de tabac décoré d'azulejos de Rafael Bordalo Pinheiro.

TEATRO NACIONAL DONA MARIA II

(Théâtre national Dona Maria II)
Fermant la place au nord, ce bâtiment de style néoclassique a été bâti vers 1840 sur l'emplacement de l'ancien palais de l'Inquisition. Il présente une façade à péristyle et fronton surmontée de la statue de Gil Vicente, célèbre auteur dramatique portugais du 16e s.

PRAÇA DA FIGUEIRA

(Place du Figuier)
De plan carré, d'où émerge une statue équestre de Jean Ier (1971), elle est bordée d'immeubles classiques. Elle s'étend à l'endroit où s'élevait le magnifique Hospital de Todos los Santos, vaste hôpital achevé sous Manuel Ier et détruit en 1755.

LE QUARTIER EN DAMIER

En allant vers le Tage, les rues de la Baixa, sagement alignées, forment une sorte d'échiquier entre le Rossio et le fleuve. En partie piétonnes, elles sont bordées de magasins. La **rua Augusta**, large et élégante rue piétonne, relie le Rossio au centre de la praça do Comércio, en bordure immédiate du Tage. De part et d'autre, les **rua Áurea** (rue de l'Or – aujourd'hui la rue des banquiers, des bijoutiers et des orfèvres) et **rua da Prata** (rue de l'Argent) rappellent par leur nom qu'elles étaient, aux 15e et 16e s., le

Candide et le style pombalin

« Voici venir le dernier jour du monde », s'écria Candide de Voltaire dans les ruines de la ville dévastée par le tremblement de terre et le raz de marée qui suivit, le 1er novembre 1755 ; mais les travaux de reconstruction furent entrepris assez vite suivant le plan en damier du marquis de Pombal, Premier ministre de l'époque. C'est pourquoi la ville basse est aussi appelée aujourd'hui « centre pombalin ».

centre du commerce des métaux précieux. Les autres rues parallèles portent des noms de corporations comme les rua dos Douradores (orfèvres), dos Correeiros (selliers), dos Sapateiros (cordonniers).

MUSEU DO DESIGN E DA MODA (MUDE)

(Musée du Design et de la Mode)
Rua Augusta, 24 - ✆ 218 886 117 - www.mude.pt - mar.-dim. 10h-18h - gratuit.
Dans l'ancien édifice du Banco Nacional Ultramarino, il présente la collection d'objets contemporains réunie par **Francisco Capelo**, offrant ainsi un vaste panorama de la création, du 20ᵉs. à aujourd'hui. Des expositions temporaires sont organisées dans les étages et dans l'extraordinaire salle des coffres, au sous-sol.

NÚCLEO ARQUEOLÓGICO

Rua dos Correeiros, 9 - ✆ 211 131 004 - visite guidée en français et en anglais (1h) : lun.-sam. 10h-12h, 14h-17h - gratuit - réserv. la veille, sur place ou par téléphone.
Ne vous laissez pas rebuter par l'insolite situation de ces vestiges romains, au sous-sol du Banco Millenium BPC ! L'agréable espace muséologique permet de comprendre l'histoire de la Baixa depuis le début de son occupation (7e s. av. J.-C.). Le dallage en verre laisse découvrir la superposition de structures, des immeubles pombalins jusqu'au niveau phréatique. Le site fut occupé par une fabrique de poteries (5e-3e s. av. J.-C.), une nécropole (2e s. av. J.-C.), puis un complexe lié à l'activité portuaire et à la pêche (1er-5e s.).

ARCO DA RUA AUGUSTA★

Rua Augusta - 10h-20h (dernière entrée 19h) - 2,50 € ; 8 € billet combiné avec le Lisboa Story Center.
Inauguré en 1873, il achève triomphalement la perspective de la rua Augusta et ouvre sur la praça do Comércio. Un ascenseur donne accès à la salle de l'Horloge, dont on voit le mécanisme. Un escalier atteint ensuite la terrasse, dominée par la statue de la Gloire, entourée du Génie et de la Valeur, œuvres du Français Célestin-Anatole Calmels, d'où s'offre une **vue** à 360° sur la capitale. À ne pas manquer !

PRAÇA DO COMÉRCIO★★

(ou Terreiro do Paço)
Tout au bord du Tage se dressait le palais royal, détruit par le séisme et le raz de marée de 1755. En souvenir, les Lisboètes continuent d'appeler cette magnifique place le *terreiro do Paço*, l'esplanade du Palais. Longue de 192 m et large de 177 m, elle est bordée sur trois côtés par des bâtiments classiques abritant notamment la Bourse et plusieurs ministères. Les étages à façade de crépi jaune safran reposent sur des galeries à arcades, et l'ensemble illustre le style pombalin, à la fois austère et élégant. Au centre de la place se dresse la **statue équestre** du roi Joseph Ier. Cette place a occupé

Bjanka Kadic/age fotostock

Le MUDE, musée du Design et de la Mode.

un rôle central dans l'histoire du pays. C'est là que furent assassinés, le 1er février 1908, le roi Charles Ier et le prince héritier Louis Philippe.

Dans le **café Martinho da Arcada** (angle rua da Prata et praça do Comércio), où Fernando Pessoa avait ses habitudes, se trouve encore la table sur laquelle ce dernier écrivit l'une de ses œuvres les plus célèbres, *Mensagem*.

La place accueille restaurants et cafés, une récente pousada, ainsi que le **Lisboa Story Centre** *(www.lisboastorycentre.pt - 10h-20h, dernière entrée 19h - 7 €; 8 € billet combiné avec l'Arco da Rua Augusta)*. Celui-ci retrace l'histoire de la ville à travers une succession de scènes sonorisées, de multimédia et d'un film évoquant le drame de 1755.

CAIS DAS COLUNAS★

(Quai des Colonnes)

Au sud, comme happée par les eaux, la place débouche sur le fleuve. Un escalier de marbre, encadré de deux colonnes patinées par la marée, glisse doucement dans le Tage.

L'Alfama★★

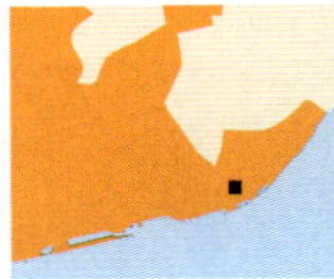

Délimité au nord par le château, l'Alfama s'étage sur le flanc sud d'une colline qui descend vers le Tage. C'est le quartier le plus connu et le plus ancien de la ville (il a été épargné par le tremblement de terre de 1755), le symbole du Lisbonne populaire, qui formait déjà le centre-ville à l'époque romaine, comme l'attestent les ruines du théâtre antique. Son labyrinthe de ruelles médiévales, ponctué de venelles, de cours et d'impasses, coupé d'escaliers et d'arcs, tricote un quartier poétique où il est facile et tellement plaisant de se perdre !

▶**Accès :** M Terreiro do Paço, Rossio, Martim Moniz (pour la Mouraria). Tram 12E, 28E.

Plan de quartier p. 24-25. Plan détachable F6-7.

▶**Conseils :** Promenez-vous le matin. L'été, à la fraîche, les ruelles aux airs de raidillons paraissent moins rudes. S'il vous reste du temps (et de l'énergie) après une exploration de l'Alfama, embrayez sur les quartiers voisins : Mouraria et Graça (*p. 32*).

CASTELO DE SÃO JORGE★★

(Château Saint-Georges)

218 800 620 - www.castelodesaojorge.pt - mars-oct. : 9h-21h ; nov.-fév. : 9h-18h - 8,50 €.

Pour accéder au château à moindre effort, empruntez l'ascenseur du supermarché Pingo Doce situé travessa do Chão do Loureiro. Accès également par le bus 737 au départ de la praça da Figueira.

Berceau de la cité, le château St-Georges occupe une position stratégique remarquable sur une butte. Bâti par les Wisigoths au 5e s., agrandi par les Maures au 9e s., il fut modifié sous le règne d'Alphonse Henriques (12e s.). Aujourd'hui, il est aménagé en un agréable jardin fleuri et ombragé.

Après avoir franchi l'enceinte extérieure qui abrite le quartier médiéval, on atteint l'ancienne place d'armes ; de là, vous bénéficierez d'une **vue**★★★ magnifique sur la « mer de Paille » (le Tage), les agglomérations de la rive gauche et le pont du 25-Avril, la ville basse et le parc de Monsanto. Le glacis offre une agréable promenade.

Le château compte dix tours reliées par de puissantes murailles crénelées. On franchit la barbacane d'entrée ; des escaliers mènent au chemin de ronde et au sommet des tours qui sont autant de belvédères sur la ville. Remarquez, en passant, percée dans la muraille nord, la porte où **Martim Moniz** s'illustra par un acte de bravoure : au prix de sa vie, il empêcha les Maures de refermer cette

Castelo de São Jorge.

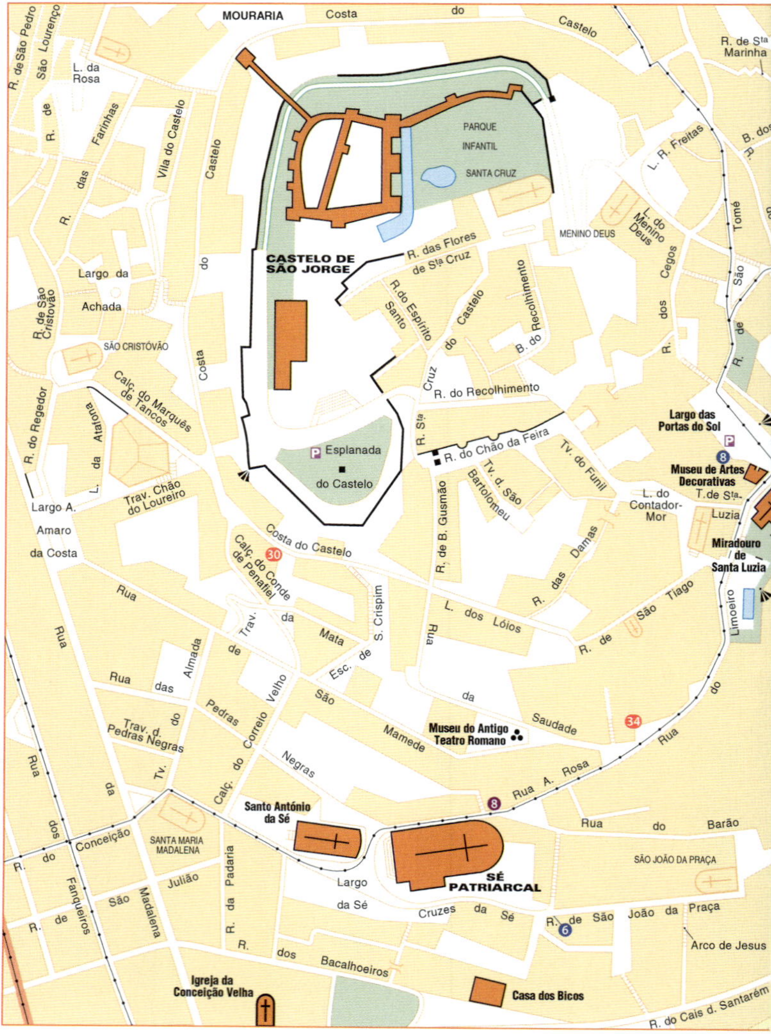
MOURARIA
Costa do Castelo
R. de Sta Marinha
CASTELO DE SÃO JORGE
PARQUE INFANTIL SANTA CRUZ
MENINO DEUS
Esplanada do Castelo
Largo da Achada
SÃO CRISTÓVÃO
Largo das Portas do Sol
Museu de Artes Decorativas
Miradouro de Santa Luzia
Museu do Antigo Teatro Romano
Santo António da Sé
SÉ PATRIARCAL
SANTA MARIA MADALENA
SÃO JOÃO DA PRAÇA
Largo da Sé
Arco de Jesus
Igreja da Conceição Velha
Casa dos Bicos
R. do Cais d. Santarém

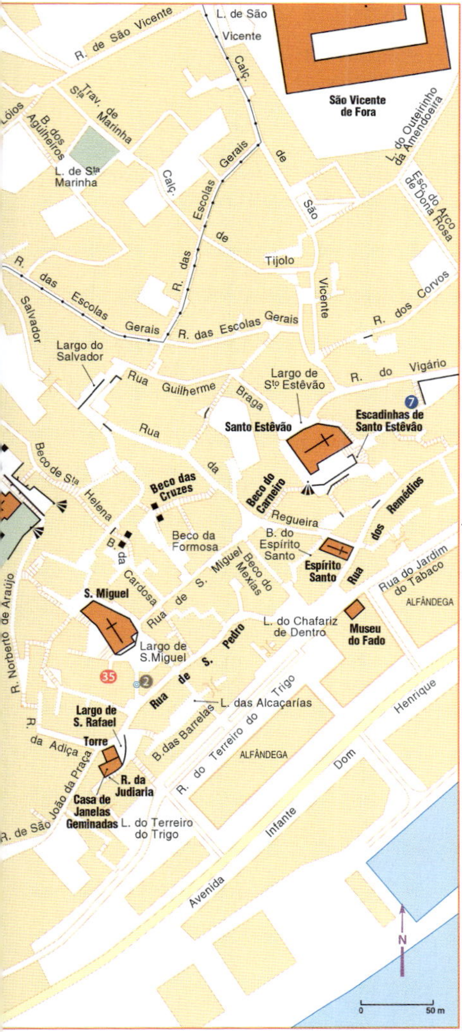

LISBOA
ALFAMA
plan II

SE RESTAURER

Chapitô 30

Petit Café (Le) 34

Santo António de Alfama 35

PRENDRE UN VERRE

Cerca Moura 8

Pois, Café 6

Tejo Bar 7

SHOPPING

A Arte da Terra 8

SORTIR

A Baiuca 2

Alfama d'hier et d'aujourd'hui

La présence romaine est attestée par les fouilles réalisées à l'intérieur de la cathédrale, et par les ruines du théâtre romain. Le quartier était également peuplé à l'époque des Wisigoths. Durant l'occupation musulmane, le quartier s'appelait al-Alhaman, c'est-à-dire « la fontaine », en référence à une source d'eau chaude située largo das Alcaçarias. Les Maures y construisirent des demeures nobles, les chrétiens, des églises, dont la plupart n'ont malheureusement pas résisté au tremblement de terre. Une petite communauté sépharade s'établit également ici, présence que le futur Musée juif, près de São Miguel, viendra rappeler. L'Alfama était un quartier de marins et de pêcheurs. Les maisons parfois délabrées sont décorées de balcons en fer forgé et de panneaux d'azulejos représentant le plus souvent la Vierge entre saint Antoine et saint Martial. Bien qu'ayant fait l'objet de nombreuses rénovations, l'Alfama conserve son caractère traditionnel et villageois.

porte pendant l'attaque d'Alphonse Henriques. Édifié à la place du palais maure, le **Paço Real** (palais royal) fut, du 14ᵉ au 16ᵉ s., le lieu de résidence des souverains portugais, jusqu'à ce que Manuel Iᵉʳ fasse ériger un palais au bord du Tage, sur l'actuelle praça do Comércio.

Des expositions temporaires sont dédiées à l'évolution de la capitale *(fermeture 30mn av. le château).*
Dans la **torre de Ulises**, un périscope permet d'observer les différents quartiers de Lisbonne et ses monuments *(10h-17h - sessions ttes les 30mn).*

MIRADOURO DE SANTA LUZIA★

(Belvédère de Santa Luzia)

Une placette, attenante à l'église Santa Luzia, a été aménagée en belvédère sur les vestiges des anciennes fortifications maures. Elle offre une très belle **vue★★** sur le Tage, le port et, juste au-dessous, sur les toits de l'Alfama et le dédale de ruelles dominées par les clochers de São Miguel et de Santo Estêvão.

Les murs extérieurs de l'**église Santa Luzia** sont tapissés de panneaux d'azulejos dont l'un illustre la praça do Comércio et l'autre la prise de Lisbonne par les croisés, ainsi que la mort de Martim Moniz dans le château São Jorge. Des azulejos représentant une vue générale de Lisbonne recouvrent le mur sud de la place.

LARGO DAS PORTAS DO SOL★

La porte du Soleil était l'une des sept portes de la cité maure. Située de l'autre côté de l'église Santa Luzia, cette place dispose d'une petite terrasse agréable offrant une belle **vue★★** sur les maisons de l'Alfama, São Vicente de Fora et le fleuve.

MUSEU DE ARTES DECORATIVAS - FUNDAÇÃO RICARDO ESPÍRITO SANTO DA SILVA★★

(Musée des Arts décoratifs - Fondation Ricardo Espírito Santo da Silva)

Largo das Portas do Sol, 2 - ✆ 218 881991 - www.fress.pt - tlj sf mar.

10h-17h - fermé j. fériés - 4 € - visite guidée sur réserv. : 8 € (1h) pour le musée, 15 € (2 à 3h) avec les ateliers.
L'ancien palais des comtes Azurara (17e s.) et les merveilleuses collections qu'il abrite furent légués à la ville de Lisbonne par le banquier Ricardo Espírito Santo da Silva en 1953. Le musée évoque l'atmosphère fastueuse d'une demeure aristocratique aux 17e et 18e s. à travers une succession de petites salles décorées d'azulejos et de fresques, sur trois niveaux. Le mobilier portugais et indo-portugais y est particulièrement bien représenté. Également : des collections d'argenterie, de porcelaines chinoises et plusieurs tapisseries des 16e et 18e s. Le niveau 3 dispose d'une salle d'expositions temporaires et d'une cafétéria avec un patio accueillant. À côté du musée, une école d'arts décoratifs a été créée en 1990.

IGREJA DE SÃO MIGUEL

Blottie en contrebas du miradouro de Santa Luzia, cette église à l'origine romane, reconstruite après le tremblement de terre de 1755, possède de belles boiseries baroques.

LARGO DE SÃO RAFAEL

Du côté ouest de cette placette entourée de maisons du 17e s., remarquez les vestiges d'une **tour**. Elle faisait partie de la muraille maure qui protégea la Lisbonne chrétienne jusqu'au 14e s., lorsque le roi Ferdinand fit construire une nouvelle enceinte.

RUA DA JUDIARIA

Dans l'ancien quartier juif, remarquez la maison à fenêtres géminées (**Casa de Janelas Geminadas**, 16e s.), au-dessus des contreforts de l'ancienne muraille maure.

MUSEU DO FADO

(Musée du Fado)
Largo do Chafariz de Dentro, 1 - ☎ 218 823 470 - www.museudofado.pt - mar.-dim. 10h-18h (dernière entrée 17h30) - fermé 1er janv., 1er mai et 25 déc. - 5 € (audioguide en français inclus).
Ce musée donne à voir et écouter le fado grâce à des supports audiovisuels, des dioramas et une riche collection d'objets, dont la guitare portugaise à douze cordes, de laquelle dérive la guitare classique. Vente de CD sur place.

RUA DOS REMÉDIOS

Remarquez au début de la rue, du côté gauche, le portail manuélin de l'**église Espírito Santo**. Plus loin, le nº 2 de la calçadinha de Santo Estêvão présente un portail de la même époque.

ESCADINHAS DE SANTO ESTÊVÃO★

(Petits escaliers de Santo Estêvão)
Situés sur la gauche du nº 41 de la rua dos Remédios, ces « petits escaliers » sont composés d'une série de volées diversement orientées, qui forment un cadre très pittoresque. En passant derrière l'église Santo Estêvão,

La saudade

« Un mal qui fait du bien, un bien qui fait du mal » : c'est ainsi que le poète Camões (➜ p. 146) qualifiait la saudade. Le mot, sans équivalent dans d'autres langues, désigne un sentiment qui pour beaucoup caractérise l'« âme » portugaise. Le fado (➜ p. 148) est une forme d'expression privilégiée de la saudade, qui « avant d'être pensée, a été chantée » comme affirme l'essayiste Eduardo Lourenço. Le fado parle des amours inaccomplies, des départs, des ruptures, des difficultés de la vie, d'un destin contre lequel on ne peut rien. Néanmoins, cette fatalité et ce chagrin chantés dans le fado expriment parfaitement le sentiment contradictoire qui constitue la saudade : une mélancolie joyeuse, la douceur d'exprimer une douleur, une souffrance qui se contente et se satisfait d'elle-même...

observez le mur à encorbellement et le panneau d'azulejos. Montez l'escalier qui longe l'église : le sommet offre une belle **vue★** sur les toits hérissés d'antennes de télévision, le port et le Tage.

BECO DO CARNEIRO

(Impasse du Bélier)

Rue très étroite, aux escaliers en pente raide. En regardant en arrière, on jouit d'une belle perspective sur la façade de l'église Santo Estêvão.

BECO DAS CRUZES

(Impasse des Croix)

À l'angle de la rua da Regueira et du beco das Cruzes s'élève une maison du 18e s. Au-dessus d'une porte en encorbellement, un panneau d'azulejos représente la Vierge de la Conception ; de là, on bénéficie d'un intéressant point de vue sur la ruelle en escalier.

MUSEU DO ANTIGO TEATRO ROMANO

(Musée du Théâtre romain)

Pátio do Aljube, 5 - ☎ 218 820 320 - www.museudelisboa.pt - mar.-dim. 10h-13h, 14h-18h - gratuit.

Ce site archéologique (1er s. av. J.-C.), situé sur plusieurs niveaux de part et d'autre de la rua de São Mamede, a été très agréablement mis en valeur. Le théâtre (aujourd'hui en ruines), unique sur le territoire portugais, pouvait accueillir entre 3000 et 5000 spectateurs. Bornes interactives. De la terrasse, **vue★** plongeante sur l'estuaire.

SÉ PATRIARCAL★★

(Cathédrale)

Largo de Santo António da Sé - ☎ 218 876 628 - mar.-sam. 9h-19h, dim.-lun. 9h-17h - gratuit.

À l'image de celles de Porto, de Coimbra ou d'Évora, la cathédrale de

Tramway dans les ruelles de l'Alfama, avec la tour de l'église de São Vicente de Fora en arrière-plan.

28
TOUS

Saint Antoine, le patron de Lisbonne

Fernando de Bulhões, plus connu sous le nom de saint Antoine de Padoue, naquit à Lisbonne en 1195, s'engagea dans l'ordre des Franciscains, voyagea au Maroc, vécut en France et en Italie du Nord, où ses prêches humanistes lui valurent un succès considérable. Il possédait, dit-on, le don d'ubiquité et, comme le Christ, il aurait multiplié des poissons à Rimini. Selon la légende, le jour de sa mort (en 1231 en Italie), les cloches de Lisbonne se mirent à sonner toutes seules. Dès l'année suivante, il fut canonisé. Saint Antoine favorise les mariages et le bonheur conjugal. Son invocation permet aussi de retrouver les objets perdus. Les Lisboètes continuent de célébrer avec ferveur le protecteur de la ville le 13 juin, jour férié à Lisbonne. Partout fleurissent de petits autels à l'effigie du saint. La fête bat son plein : procession, défilés de groupes folkloriques, fanfares, feux d'artifice, sardines grillées et bals populaires.

Lisbonne a joué le rôle de forteresse, comme en témoignent ses deux tours de façade et ses créneaux. Elle fut construite dans le style roman à la fin du 12e s., peu après la conquête de la ville par Alphonse Henriques, aidé des croisés. Les architectes seraient les maîtres français Robert et Bernard, qui ont également construit la cathédrale de Coimbra. Cependant, la Sé fut de nombreuses fois remaniée, notamment suite aux tremblements de terre (celui de 1755 provoqua l'effondrement du chœur et de la lanterne qui surmontait la croisée du transept). Une habile restauration a rendu son allure romane à la façade et à la nef, même si l'on y voit aussi des éléments gothiques et des remaniements des 17e et 18e s.
À l'**intérieur**, la nef principale est couverte par une voûte en plein cintre et bordée par un élégant triforium. L'ensemble est d'un style roman très sobre. Le chœur, sous une voûte à nervures soutenue par des trompes, fut reconstruit au 18e s. Fermant une chapelle proche de l'entrée de l'église, remarquez l'admirable **grille★** romane en fer forgé des fonts baptismaux.
Cloître – *Accès par le collatéral droit - 10h-19h sf dim. et j. fériés - 2,50 € (billet combiné avec le trésor 4 €).*
C'est par là que vous accéderez au déambulatoire de style gothique (remanié au 14e s.), pourvu de belles fenêtres lancéolées. L'une des chapelles rayonnantes abrite les **tombeaux gothiques★** (14e s.) de Lopo Fernandes Pacheco, compagnon d'armes du roi Alphonse IV, et de son épouse. Une autre contient une jolie crèche en terre cuite de Machado de Castro. Assez endommagé, le cloître proprement dit relève du style gothique cistercien (fin du 13e s.) et renferme des vestiges lapidaires. La galerie inférieure est soutenue par de puissants contreforts alternant avec des arcades gothiques surmontées par des oculi en étoile. Vous y verrez l'ancienne salle capitulaire et des vestiges romains et islamiques mis au jour lors des campagnes de fouilles.
Trésor★ – *Accès à droite, près de l'entrée de l'église - 10h-19h sf dim. et j. fériés - 2,50 € (billet combiné avec*

le cloître 4 €). Un escalier mène aux salles où sont exposés de magnifiques ornements sacerdotaux, ainsi que des reliquaires et des pièces d'orfèvrerie sacrée. Dans l'élégante salle capitulaire du 18e s., l'**ostensoir** du roi Joseph Ier est serti de 4120 pierres précieuses.

Igreja Santo António da Sé – Elle se dresse près de la cathédrale, construite en 1812 sur l'emplacement supposé de la maison natale de saint Antoine de Padoue (1195-1231), que les Lisboètes nomment saint Antoine de Lisbonne!

Museu Antoniano – *Accès à gauche de l'église - mar.-dim. 10h-13h, 14h-18h - fermé j. fériés (sf 13 juin) - 1,50 €.* Récemment modernisé, il est entièrement consacré à saint Antoine. Figures naïves, peintures ou panneaux d'azulejos.

J. Arnold/hemis.fr

Fêtes de Santo António à Alfama.

IGREJA DA CONCEIÇÃO VELHA

Rua da Alfândega.

La **façade sud★** du transept, seul vestige de l'église primitive qui s'est écroulée lors du tremblement de terre, est un bel exemple de style manuélin. Les sculptures du tympan représentent Notre-Dame de la Miséricorde abritant sous son manteau le pape Léon X, le roi Manuel, la reine Éléonore, etc.

CASA DOS BICOS

(Maison aux Pointes)

Rua dos Bacalhoeiros - lun.-vend. 10h-18h, sam. 10h-14h - 3 €.

La façade de cette maison, hérissée de pierres taillées en pointe de diamant, faisait partie d'un palais du 16e s., propriété du fils d'Afonso de Albuquerque, vice-roi des Indes. Lors du tremblement de terre de 1755, elle a perdu son premier étage, reconstruit en 1982 à l'occasion de l'exposition du Conseil de l'Europe sur le Portugal et les Grandes Découvertes.

L'édifice abrite la **Fundação José Saramago** *(✆ 218 802 040 - www.josesaramago.org - mar.-sam. 10h-18h, dernière entrée 17h30 - 3 €)*, se destinant à entretenir la mémoire du prix Nobel de littérature 1998. Des objets ayant appartenu à l'écrivain sont présentés au premier étage. Les cendres de Saramago ont été dispersées au pied de l'olivier provenant de son village natal d'Azinhaga, près de Santarém, planté devant la maison aux Pointes.

Mouraria, Graça et Santa Apolónia

Autour de l'Alfama s'étendent des quartiers à l'identité bien affirmée. La populaire Mouraria, berceau du fado en pleine réhabilitation, doit son nom aux Maures, autorisés à s'établir au nord des murailles du castelo de São Jorge après la prise de la ville par les chrétiens, en 1147. Graça, dans les hauteurs, offre de superbes points de vue sur la ville. S'y mélangent anciens couvents, palais, immeubles habités par les classes moyennes, villas et cités ouvrières nées au 19e s. En contrebas, non loin de la gare de Santa Apolónia, d'immenses paquebots de croisière accostent près d'anciens docks reconvertis en restaurants branchés. Enfin, plus loin en amont du Tage, se cache le passionnant musée de l'Azulejo.

▶**Accès :** M Intendente, Santa Apolónia ou Martim Moniz. Tram 12E, 28E.
***Plan de quartier** **p. 35**. **Plan détachable** **FH4-6**.*

▶**Conseils :** Si vous le pouvez, visitez ces quartiers le mardi ou le samedi, quand se tient la Feira da Ladra, le pittoresque marché aux puces du campo de Santa Clara.

LARGO DO INTENDENTE PINA MANIQUE

F5 M *Intendente.*
En retrait de la très passante avenida Almirante Reis, cette place fait figure de havre de paix. Bordée de vénérables immeubles, elle est en cours de réhabilitation.
Au nord-ouest se dresse l'ancienne **manufacture de céramiques Viúva Lamego**, fondée en 1849, couverte d'azulejos chatoyants et ornée de figures allégoriques ou pittoresques. Des azulejos, bleus et blancs mais également dans le style du 18e s., couvrent aussi la façade de l'immeuble côté avenida Almirante Reis.

MIRADOURO DA SENHORA DO MONTE★★

(Belvédère da Senhora do Monte)
Accessible par la rua Andrade puis en grimpant les venelles de la Mouraria.
Un des plus spectaculaires belvédères de Lisbonne, avec une **vue★★★** sur le château St-Georges, le quartier de la Mouraria et la ville basse. La chapelle près du belvédère date de 1796, mais elle fut fondée en 1147, année de la reconquête de Lisbonne.

IGREJA ET CONVENTO DE NOSSA SENHORA DA GRAÇA

Largo da Graça - Tram *28E.*
Cet imposant ensemble sur la

Vue sur les toits de Graça, le Panthéon national et le Tage.

colline de Graça domine la ville. Sa fondation remonte au 13e s., mais il a été reconstruit plusieurs fois, en particulier au 16e s. et après le tremblement de terre de 1755. À côté du portail du couvent s'élève le clocher, bâti en 1738. L'intérieur, de style rococo, est revêtu de beaux **azulejos** des 17e et 18e s. Devant l'église, le belvédère de Graça (**miradouro da Graça**), avec son petit café en terrasse, offre une **vue**★ étendue sur Lisbonne : à l'est, le château, à l'ouest, le pont et le fleuve, en contrebas, la Mouraria.

IGREJA ET MOSTEIRO DE SÃO VICENTE DE FORA

Largo de São Vicente - Tram 28E - ✆ 218 824 400 - église : lun.-sam. 9h-17h ; gratuit - couvent : mar.-dim. 10h-18h (dernière entrée 17h30) ; 5 € - fermé j. fériés.

Érigée par l'architecte italien Philippe Terzi de 1582 à 1627, l'église se trouvait autrefois « hors les murs » *(fora)*, c'est-à-dire à l'extérieur des remparts de la ville. Modèle de l'architecture religieuse portugaise, cet édifice jésuite inspirera jusqu'au 18e s. les églises de toutes les villes de l'Empire, du Brésil à Macao. L'intérieur, que coiffe une jolie voûte à caissons, se distingue par la rigueur de ses lignes.

Le couvent s'ouvre à droite de l'église. Dans la **conciergerie** *(portaria)*, au plafond peint par Vicente Bacarelli (18e s.), un grand panneau d'azulejos représente la prise de Lisbonne aux Maures : on y reconnaît le château St-Georges et la cathédrale.

sam74100/iStock

Azulejos dans le cloître du monastère de São Vicente.

Le premier **cloître** des Augustins est coiffé d'une terrasse supérieure aux murs couverts d'**azulejos**★ du 18e s., évoquant les fables de La Fontaine. Séparé du premier par une sacristie en marbre polychrome, le second cloître donne accès à l'ancien réfectoire des moines, transformé après le règne de Jean IV en panthéon de la dynastie des Bragance.

CAMPO DE SANTA CLARA★

Tram 28E.

Cette place agréable, encadrée d'élégantes façades, s'étend entre les églises de São Vicente de Fora et Santa Engrácia. Tous les mardis et samedis s'y déroule la **Feira da Ladra** (Foire de la voleuse), un pittoresque

LISBOA
MOURARIA, GRAÇA, SANTA APOLONIA
plan III
N
0
300 m
MIRADOURO DA SENHORA DO MONTE
39
31
GRAÇA
Calçada do Monte
Largo da Graça
R. dos Lagares
Miradouro da Graça
Convento N.S. da Graça
R. dos Cavaleiros
Calç. de Sto André
36
MOURARIA
R. da Verónica
R. Voz do Operário
R. do Mirante
Palácio Lavradio
CAMPO DE STA CLARA
Jardim Boto Machado
38
10
SANTA ENGRÁCIA
R. de S. Vicente
São Vicente de Fora
55
4
37
Santa Apolónia
R. do Paraíso
Castelo
CASTELO DE SÃO JORGE
Costa do Castelo
R. de S. Tomé
LARGO DAS PORTAS DO SOL
MUSEU DE ARTES DECORATIVAS
Museu Militar
Sto Estêvão
R. dos Remédios
ALFAMA
MIRADOURO DE SANTA LUZIA
R. do Jardim do Tabaco
Av. Infante D. Henrique
ALFÂNDEGA
R. do Limoeiro
Travessa do Almada
R. da Saudade
R. A. Rosa
SÉ
R. dos Bacalhoeiros
Casa dos Bicos
Alfândega
Igreja da Conceição Velha
Campo das Cebolas
R. do Cais de Santarém
Doca do Terreiro do Trigo
Doca da Marinha
MINISTÉRIO
TEJO
Terreiro do Paço
ESTAÇÃO FLUVIAL
CAIS DA ALFÂNDEGA
BARREIRO , MONTIJO , SEIXAL
SE RESTAURER
Bica do Sapato 55
Cerqueira 31
Deli Delux 37
Santa Clara dos Cogumelos 38
Via Graça 39
Zé da Mouraria 36
SHOPPING
Feira da Ladra 10
SORTIR
Lux Frágil 4

marché aux puces où l'on peut trouver, au milieu du bric-à-brac, quelques belles céramiques anciennes (*« Nos adresses/ Shopping » p. 104*).
Son côté nord est occupé par le **Palácio Lavradio** (palais Lavradio, 18e s.), qui abrite le tribunal militaire. Au centre, le petit **jardim Boto Machado** offre une halte parmi ses essences exotiques et un beau point de vue sur la « mer de Paille » en contrebas.

IGREJA DE SANTA ENGRÁCIA - PANTEÃO NACIONAL★

Campo de Santa Clara - Tram 28E - ✆ 218 854 820 - mar.-dim. 10h-17h (dernière entrée à 16h40) - fermé j. fériés - 3 €, gratuit dim. et j. fériés 10h-14h.
L'expression « comme les travaux de Santa Engrácia » est passée dans le langage populaire pour désigner une entreprise jamais menée à terme. En effet, cette église, commencée au 17e s., n'avait jamais été achevée. En forme de croix grecque, elle a été couronnée d'un dôme qui complète harmonieusement sa façade baroque, et inaugurée en 1966. Devenue **Panthéon national**, elle abrite en son centre les cénotaphes des grands hommes portugais, parmi lesquels : Camões, Henri le Navigateur, Pedro Álvares Cabral, Vasco de Gama, Afonso de Albuquerque et Nuno Álvares Pereira. En juillet 2001, la chanteuse de fado Amália Rodrigues (*p. 147*) fut la première femme transférée au Panthéon national. Très belle **vue**★ sur le Tage depuis le dôme.

MUSEU MILITAR

(Musée militaire)
Largo do Museu da Artilharia - M Santa Apolónia - ✆ 218 842 300 - www.exercito.pt - mar.-vend. 10h-17h, w.-end 10h-12h30, 13h30-17h - fermé j. fériés - 3 €, gratuit le dim. 10h-12h.
Au bord du Tage, l'ancien arsenal du 18e s. a conservé de remarquables boiseries ainsi que des azulejos et des plafonds représentant, pour la plupart, des scènes de batailles. Des maquettes, des tableaux et de nombreuses armes du 16e s. à la fin du 19e s., fabriquées au Portugal ou provenant de l'étranger, évoquent le passé militaire du pays.

Histoire d'eau

Les tentatives d'acheminement vers Lisbonne des eaux des sources qui jaillissent au pied de la serra de Sintra avaient commencé dès 1571. Il fallut attendre 1731 que le roi Jean V donne son autorisation pour que l'aqueduc fût érigé (1732-1748). Ses eaux se déversaient dans le réservoir de la Mãe d'Água das Amoreiras (1752-1834, p. 49), d'où elles étaient distribuées vers les fontaines et canalisations de la ville. En 1880 fut installée la troisième structure de ce réseau, la station de pompage des Barbadinhos, où se trouve aujourd'hui le musée da Água. Ce système approvisionna la ville en eau jusqu'en 1967.

MUSEU DA ÁGUA DA EPAL★

(Musée de l'Eau de l'EPAL)
G5 *Rua do Alviela, 12 - ✆ 218 100 215 - www.epal.pt - Ⓜ Santa Apolónia - mar.-sam. 10h-12h30, 13h30-17h30 - fermé j. fériés - 5 € (12 € billet combiné 4 sites dont la Mãe d'Água das Amoreiras), gratuit 22 mars, 18 mai, 1er et 5 juin, 1er oct.*
Ce musée met en lumière l'histoire de la distribution de l'eau à Lisbonne (*encadré ci-contre*) et plus particulièrement, celle du projet des Águas Livres (eaux libres), conçu par l'ingénieur Manuel da Maia. Il occupe l'ancienne **station de pompage à vapeur des Barbadinhos**, intéressant exemple d'architecture industrielle (dernier quart du 19e s.) qui allie la brique, le bois, la fonte et le cuivre autour de quatre puissantes machines à vapeur, dont l'une est mise en fonctionnement pour les visiteurs.
Visitez aussi la Mãe d'Água das Amoreiras, p. 49.

MUSEU NACIONAL DO AZULEJO★★

(Musée national des Azulejos)
H4 *Rua da Madre de Deus, 4 - ✆ 218 100 340 - www.museudoazulejo.pt - BUS 794, 742 ou 718 (arrêt Igreja Madre Deus) - mar.-dim. 10h-18h (dernière entrée 17h30) - 5 €, gratuit 1er dim. du mois.*
Malgré sa localisation un peu éloignée, au nord-est de la gare de Santa Apolónia, ce musée mérite absolument une visite.
Installé dans les bâtiments de l'**Igreja e Convento da Madre de Deus** (église et couvent de Madre de Deus), fondés au 16e s. et en grande partie reconstruits après le tremblement de terre (admirez le beau portail manuélin de la façade de l'église, côté rue), il présente la grande aventure des azulejos, depuis les carreaux hispano-mauresques du 15e s. jusqu'aux réalisations modernes. Au rez-de-chaussée, dans les galeries disposées autour du grand cloître, se trouvent de beaux exemples d'azulejos importés de Séville aux 15e et 16e s., qui furent supplantés par le style majolique italien (faïence de la Renaissance) et repris par les premiers ateliers portugais. Remarquez en particulier le retable de Nossa Senhora da Vida (1580) qui représente la Nativité.
On quitte le cloître pour pénétrer dans l'église par un *coro baixo* dont les murs sont ornés d'azulejos sévillans du 16e s. L'**église**★★ (18e s.) éblouit par la profusion de bois doré, en particulier sur la chaire baroque. La nef est couverte d'une voûte à caissons dont les panneaux représentent des scènes de la vie de la Vierge. Sur les murs, des tableaux évoquent à gauche la vie de sainte Claire, et à droite celle de saint François. La partie basse est garnie de carreaux de faïence hollandais du 18e s.
Avant de monter à l'étage supérieur, on passe par le ravissant petit **cloître manuélin**, qui a conservé ses azulejos polychromes d'origine (16e-17e s.). Au premier étage sont exposés de magnifiques panneaux représentant des animaux, des

batailles et des scènes de la vie quotidienne. La somptuosité et l'exubérance de la chapelle consacrée à saint Antoine et, surtout, de la **salle capitulaire★** surplombant la nef sont impressionnantes.
Parmi la riche décoration, notez en particulier au plafond des caissons peints à encadrement qui sertissent des tableaux des 16e et 17e s. Les portraits du roi Jean III et de son épouse Catherine d'Autriche seraient de Cristóvão Lopes. Les murs sont couverts de peintures illustrant la vie du Christ.
Les autres salles de l'étage supérieur du cloître, qui accueillent parfois des expositions temporaires, montrent la continuité de l'art de l'azulejo à travers des réalisations modernes, dont celles qui décorent certaines stations du métro de Lisbonne, œuvres d'artistes de premier plan comme Júlio Pomar et Vieira da Silva.
Ne quittez pas les lieux sans aller au deuxième étage, où est exposée la célèbre **vue panoramique de Lisbonne** avant le tremblement de terre, belle composition en bleu et blanc, de 23 m de longueur, constituée de près de 1300 azulejos.
Le restaurant-café du musée, avec son patio décoré d'azulejos « alléchants » (jambons, lapins et autres victuailles), offre un cadre rafraîchissant.
Pour en savoir plus sur les azulejos, voir « Azulejos et calçada portuguesa » p. 135.

Krzysztof Dydynski/Getty Images

Détail du panorama de Lisbonne avant le tremblement de terre, au musée national des Azulejos.

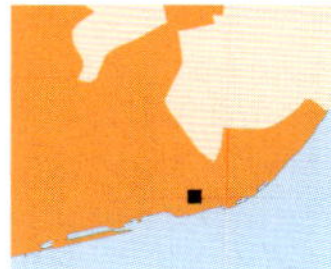

Le Chiado★ et Santa Catarina

Niché autour des rues piétonnes do Carmo et Garrett, le Chiado est le périmètre chic, intellectuel et aristocratique de Lisbonne, faisant le lien entre la Baixa et les vieux quartiers du Bairro Alto. Détruit par un gigantesque incendie en 1988, le quartier a été reconstruit par l'architecte portugais Álvaro Siza Vieira. Il a ensuite fallu de longues années pour qu'il retrouve un nouveau souffle, renouant avec les boutiques luxueuses, les galeries d'art et les grands magasins qui faisaient sa renommée.

▶**Accès :** M Baixa-Chiado. Tram 28E.
Plan de quartier p. 42. Plan détachable DE6-7.
▶**Conseils :** Le Chiado, rebâti dans son style d'origine, a retrouvé l'atmosphère chic qui faisait son charme. Ne manquez pas d'y flâner l'après-midi.

ELEVADOR DE SANTA JUSTA★★

(Ascenseur de Santa Justa)
✆ 213 613 054 - tlj 7h-23h (hiver 21h45) - 5 € AR (belvédère inclus), accès possible avec les cartes 7 Colinas/Viva Viagem en mode zapping (p. 126). Belvédère seul : 8h30-20h30 - 1,50 €.
Cet ascenseur a été construit en 1901 par Raúl Mesnier de Ponsard, ingénieur portugais d'origine française, influencé par Gustave Eiffel. Il permet d'accéder directement au quartier du Chiado. On peut faire une pause au café situé sur la plate-forme supérieure, à 32 m au-dessus de la rue, pour profiter de la belle **vue**★ sur le Rossio et la Baixa.

IGREJA DO CARMO - MUSEU ARQUEOLÓGICO★

(Église do Carmo - Musée d'Archéologie)
Largo do Carmo - ✆ 213 478 629 - www.museuarqueologicodocarmo.pt - lun.-sam. 10h-17h (juin-sept. 18h) - fermé j. fériés - 3,50 €.
Cette église carmélite, bâtie à la fin du 14e s. par le connétable Nuno Álvares Pereira, se présente aujourd'hui comme une carcasse fantomatique à ciel ouvert. Ses piliers s'élancent vers le ciel, mais ne supportent plus la voûte de la nef, détruite par le séisme de 1755. Vision romantique : voici un exemple achevé de « ruine-mémoire » dont se nourrit la mythologie lisboète.

Le lieu sert de cadre aux collections du musée d'Archéologie qui comprennent des poteries de l'âge du bronze, des bas-reliefs en marbre, des azulejos hispano-arabes et des tombeaux romans et gothiques (gisant de Fernão Sanches, fils naturel du roi Denis Ier, et de Nuno Álvares Pereira). L'église do Carmo donne sur l'une des plus charmantes places de Lisbonne, le **largo do Carmo**, bordé de tilleuls centenaires et de jacarandas. Les terrasses de cafés invitent à la pause.

RUA DO CARMO★ ET RUA GARRETT

Ces rues commerçantes et élégantes rassemblent des boutiques aux devantures anciennes, des librairies renommées, des pâtisseries et des cafés, dont le fameux **A Brasileira** (*« Nos adresses/Faire une pause » p. 98*) que fréquentait régulièrement le poète Fernando Pessoa. Depuis le centenaire de sa naissance en 1988, Pessoa est revenu s'installer à l'une des tables de la terrasse, pensif dans son habit de bronze.

TEATRO NACIONAL DE SÃO CARLOS

(Théâtre national São Carlos)

213 253 045 - lun.-vend. 10h30-18h30, w.-end et j. fériés 10h30-16h30 - 3,50 €.

Situé dans un quartier calme dominant le Tage, l'opéra de Lisbonne a été construit en 1793 en moins de six mois dans un style néoclassique. Sa façade s'inspire de celle du théâtre San Carlo de Naples. Il propose une programmation de musique classique. (*« Nos adresses/Sortir » p. 110*).

MUSEU NACIONAL DO CHIADO★

(Musée national du Chiado)

Rua Serpa Pinto, 4 - 213 432 148 - www.museuartecontemporanea.pt - mar.-dim. 10h-18h - fermé j. fériés - 4,50 €, gratuit le 1er dim. du mois.

Ce couvent du 13e s. fut transformé en usine à biscuits à la fin du 19e s., puis en musée d'art contemporain en 1911. Après l'incendie de 1988, l'architecte français Jean-Michel Wilmotte l'a élégamment réaménagé en un espace ouvert, relié par des passerelles qui laissent à nu les anciennes structures en brique. Remarquez au 1er étage les quatre fours à pain, vestiges de l'ancienne usine. Les expositions temporaires réunissent peintures, sculptures et dessins d'artistes portugais de 1850 à nos jours, qui font partie des collections permanentes du musée. Elles mettent en lumière l'œuvre d'artistes portugais majeurs du 20e s. et les mouvements avant-gardistes du pays.
Le lieu pourra être l'occasion d'une agréable pause, grâce à la **cafétéria** ouverte sur un jardin agrémenté de sculptures.

PRAÇA LUÍS DE CAMÕES

Cette place recouverte de pavés aux motifs originaux, et dont le centre est occupé par la statue du grand poète épique, fut l'un des théâtres de la **révolution des Œillets** du 25 avril

Elevador de Santa Justa.

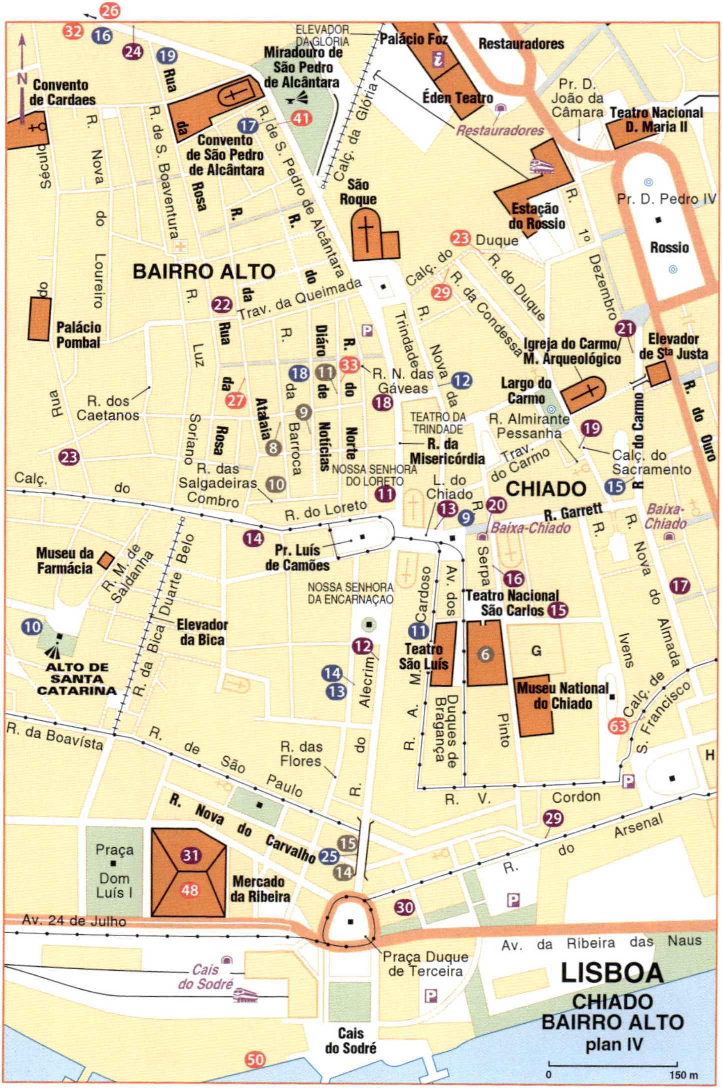

LISBOA
CHIADO
BAIRRO ALTO
plan IV
0
150 m
N
BAIRRO ALTO
CHIADO
Convento de Cardaes
Miradouro de São Pedro de Alcântara
Convento de São Pedro de Alcântara
ELEVADOR DA GLÓRIA
Palácio Foz
Restauradores
Éden Teatro
Restauradores
Pr. D. João da Câmara
Teatro Nacional D. Maria II
Estação do Rossio
Pr. D. Pedro IV
Rossio
São Roque
Palácio Pombal
Igreja do Carmo/ M. Arqueológico
Elevador de Sta Justa
Largo do Carmo
TEATRO DA TRINDADE
NOSSA SENHORA DO LORETO
NOSSA SENHORA DA ENCARNAÇÃO
Pr. Luís de Camões
Museu da Farmácia
Elevador da Bica
ALTO DE SANTA CATARINA
Teatro Nacional São Carlos
Teatro São Luís
Museu National do Chiado
Baixa-Chiado
Baixa-Chiado
Praça Dom Luís I
Mercado da Ribeira
Praça Duque de Terceira
Cais do Sodré
Cais do Sodré
Rua da Rosa
R. de S. Boaventura
R. Nova do Loureiro
Rua do Século
R. de S. Pedro de Alcântara
Calç. da Glória
Trav. da Queimada
R. da Luz Soriano
Rua da Rosa
Rua da Atalaia
R. da Barroca
R. do Diário de Notícias
R. do Norte
R. N. das Gáveas
R. da Trindade
R. Nova da Trindade
R. da Misericórdia
Calç. do Duque
R. do Duque
R. da Condessa
R. 1º Dezembro
R. do Carmo
R. do Ouro
R. Almirante Pessanha
Trav. do Carmo
Calç. do Sacramento
R. dos Caetanos
R. das Salgadeiras
Calç. do Combro
R. do Loreto
L. do Chiado
R. Garrett
R. Serpa Pinto
R. Nova do Almada
R. Ivens
R. M. de Saldanha
R. Duarte Belo
R. da Bica Duarte Belo
R. A. M. Cardoso
Av. dos Duques de Bragança
R. do Alecrim
Calç. de S. Francisco
R. da Boavista
R. de São Paulo
R. das Flores
R. Nova do Carvalho
R. V. Cordon
R. do Arsenal
Av. 24 de Julho
Av. da Ribeira das Naus
G
H

1974. Après avoir pris la caserne située largo do Carmo, où se trouvait le président du Conseil, la population escorta les militaires dans leurs voitures blindées qui montaient le Chiado et s'arrêta sur la place pour fêter la liberté recouvrée.
Un peu endommagée par un parking souterrain qui lui a fait perdre ses arbres, la place Camões est bordée de beaux immeubles et possède son inévitable kiosque avec sa terrasse informelle. Traversée en tous sens par les tramways, elle marque la limite entre le quartier du Chiado et le Bairro Alto. Lieu de rendez-vous, elle est très animée lors des fêtes populaires. Le Tage apparaît au sud, au bout de la rua do Alecrim (du romarin) en forte pente.
La **rua da Misericórdia** part de la praça Luís de Camões pour conduire au Bairro Alto, qui s'étend sur le flanc ouest.

ELEVADOR DA BICA★

(Funiculaire de Bica)
*Traverser la praça Luís de Camões et longer la rua do Loreto - 3,60 € AR, accès possible avec les cartes 7 Colinas / Viva Viagem en mode zapping (**p. 126**).*
Bien qu'en plein renouveau, le petit quartier pittoresque et animé de **Bica**, situé sur le flanc sud du Bairro Alto descendant vers le fleuve, conserve son atmosphère authentiquement populaire et une vie communautaire très soudée.
Le curieux funiculaire de Bica, improbable machine pleine de poésie, escalade courageusement la forte pente de la calçada da Bica Grande.

SE RESTAURER
- A Cevicheria 32
- Buenos Aires (Café) 23
- Cervejaria do Bairro 33
- Chafariz do Vinho 26
- Coimbra Taverna 63
- Decadente (The) 41
- Mercado da Ribeira 48
- Oficina do Duque 29
- Pap'Açorda 27
- Station 50

PRENDRE UN VERRE
- A Brasileira 9
- By the Wine 13
- Gelados Santini 15
- Insólito (The) 17
- Landeau Chocolate 14
- No Chiado (Café) 11
- Noobai 10
- Old Pharmacy (The) 18
- O Purista - Barbière 12
- Panificação Reunida de S. Roque 19
- Pavilhão Chinês 16
- Pensão Amor 25

SHOPPING
- A Carioca 11
- A Fábrica dos Chapeus 22
- Caïs Pimenta Rosa 30
- Caza das Vellas Loreto 14
- Cerâmicas na Linha 15
- Chiado Factory 18
- Fábrica Sant'Anna 12
- Livraria Ferin 17
- Loja da Burel 16
- Loja das Conservas 29
- Lua de Champagne 19
- Luvaria Ulisses 21
- Mercado da Ribeira 31
- Paris em Lisboa 20
- Tom Tom Shop 23
- Solar 24
- Vista Alegre 13

SORTIR
- Bairru's Bodega 10
- Galeria Zé dos Bois (ZDB) 8
- Grapes & Bites Winehouse 11
- Music Box 14
- O Bom O Mau e O Vilão 15
- Tasca do Chico 9
- Teatro Nacional de S. Carlos 6

A. Gonçalves/age fotostock

Elevador da Bica.

MUSEU DA FARMÁCIA★

(Musée de la Pharmacie)

Rua Marechal Saldanha, 1 - ✆ 213 400 688 - www.museudafarmacia.pt - lun.-vend. 10h-18h, dernier dim. du mois 14h-18h - fermé j. fériés - 5 €.

Méconnu des touristes bien que moderne et attrayant, ce musée installé dans un palais des années 1870 présente une riche collection composée de plus de 14 000 objets venant du monde entier : des sarcophages égyptiens aux céramiques romaines, des pots toscans aux statuettes congolaises. Il expose également plusieurs reconstitutions de pharmacies du 15e au 19e s. dont la pièce maîtresse est l'extraordinaire pharmacie chinoise du 19e s. qui fonctionna jusqu'en 1996 à Macao.

ALTO DE SANTA CATARINA★★

Au bout de la rue du Marechal Saldanha.

Récemment modernisé, le paisible belvédère de Santa Catarina offre un panorama exceptionnel sur le Tage, les docks et le pont du 25-Avril. La vue est particulièrement belle en fin d'après-midi, au coucher du soleil.

Ici se dresse la **statue d'Adamastor**, le monstre marin des *Lusiades* de Camões, géant mythique qui terrorisait les navigateurs du 15e s. D'après la légende, Adamastor fut vaincu par le navigateur Bartolomeu Dias, le premier à dépasser le « cap des Tempêtes », rebaptisé cap de Bonne-Espérance par le roi Jean II, qui signifiait ainsi son espoir d'arriver aux Indes.

La terrasse en partie ombragée de la **buvette** offre un lieu de détente idéal (Noobai, *« Nos adresses/Faire une pause », p. 98*).

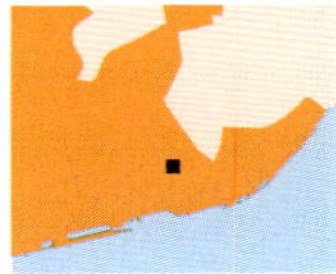

Le Bairro Alto★

(La ville haute)

La ville haute était, au 17e s., le puissant fief des Jésuites, établis autour de l'église Saint-Roch. Leur puritanisme austère a aujourd'hui laissé la place à la fantaisie débridée de jeunes créateurs de mode, artistes bohèmes et designers en vogue. Installés dans les années 1980, ils ont investi ce quartier populaire, faisant du Bairro Alto le bastion de la « movida » lisboète. Bars alternatifs et restaurants branchés se bousculent dans l'entrelacs de ruelles, où les façades écaillées alternent avec d'anciens palais aux balcons en fer forgé. Tranquille et assoupie en journée, la colline s'anime la nuit d'une faune bariolée déambulant d'un bar à l'autre jusqu'au petit matin.

▶**Accès :** M Baixa-Chiado. Tram 28E.

Plan de quartier p. 42. Plan détachable DE5-6.

▶**Conseils :** Les rues commerçantes les plus vivantes sont les rua do Norte, rua do Diário de Notícias, rua da Atalaia et rua da Rosa. Paisible en journée, le quartier s'anime à la tombée de la nuit, et attire les noctambules jusqu'au petit matin.

IGREJA DE SÃO ROQUE★

Largo de Trindade Coelho - ✆ 213 235 421 - mêmes horaires que le musée p. 46.

Elle fut bâtie à la fin du 16e s. par l'architecte italien Philippe Terzi, à qui l'on doit également l'église São Vicente de Fora ; la façade d'origine n'a pas résisté au tremblement de terre de 1755 et fut reconstruite.

L'**intérieur**★ frappe par l'élégance de sa décoration. Le plafond de la nef, en bois peint, est l'œuvre d'artistes influencés par l'art italien ; les sujets représentent des scènes de l'Apocalypse. Dans la 3e chapelle de droite, remarquez des **azulejos** du 16e s. et une peinture sur bois de Gaspar Vaz (16e s.) figurant la vision de saint Roch.

La **chapelle São João Baptista**★★ *(4e à gauche)*, chef-d'œuvre d'art baroque italien, a été édifiée sur les plans de Salvi et Vanvitelli entre 1742 et 1750 à Rome, où elle reçut la bénédiction du pape. Cent trente artistes participèrent à sa construction ; démontée, transportée à Lisbonne par trois caravelles sur ordre du roi Jean V, elle fut rebâtie vers 1750 dans l'église São Roque. Tout y est d'une grande richesse : colonnes en lapis-lazuli, devant d'autel en améthyste, marches en porphyre, anges en marbre blanc de Carrare et en ivoire, pilastres en albâtre ; revêtement du sol et tableaux des murs en mosaïques de couleur ; frises, chapiteaux et plafonds rehaussés d'or, d'argent et de bronze.

MUSEU DE ARTE SACRA DE SÃO ROQUE★

(Musée d'Art sacré de São Roque)
Largo de Trindade Coelho - ✆ 213 235 421 - www.museudesaoroque.com - avr.-sept. : lun. 14h-19h, mar.-dim. 10h-19h, jeu. 10h-20h ; oct.-mars : lun. 14h-18h, mar.-dim. 10h-18h - fermé j. fériés - visites guidées en français (1h) jeu. et dim. à 16h30, vend. à 10h et 15h - 2,50 €.
Attenant à l'église São Roque, ce musée expose quelques tableaux portugais du 16e s. et une partie du trésor de la chapelle São João Baptista. Mobilier et pièces d'orfèvrerie d'artistes italiens du 18e s. sont remarquables par la richesse de leur décoration baroque. Le musée abrite également une intéressante collection d'**ornements sacerdotaux★**.

MIRADOURO DE SÃO PEDRO DE ALCÂNTARA★

(Belvédère de São Pedro de Alcântara)
Au sommet de l'Elevador da Glória.
À la pointe nord-est du Bairro Alto, un agréable jardin aménagé forme un balcon au-dessus de la ville basse, offrant ainsi une **perspective★★** très étendue sur la Baixa, le Tage et la colline du château São Jorge en face *(table d'orientation)*. La vue est particulièrement belle en fin d'après-midi, lorsque le château est doré par le soleil couchant.

CONVENTO DE SÃO PEDRO DE ALCÂNTARA

Rua Luísa Todi, 1 - ✆ 213 243 930 - avr.-sept. : lun. 14h-19h, mar.-dim. 10h-19h (jeu. 20h) ; oct.-mars : lun. 14h-18h, mar.-dim. 10h-18h - fermé j. fériés - accès gratuit à l'église et à la chapelle - visites guidées en français (coro alto et sacristie) vend. à 11h30 : 2,50 €.
Le couvent franciscain dominant le miradouro a été fondé à la fin du 17e s. et détruit en 1755, à l'exception de la très italianisante **chapelle★** située à l'entrée, décorée de marbres polychromes et dédiée à Veríssimo de Lencastre, cardinal et grand inquisiteur du Portugal. Les parois de la nef de l'**église** sont ornées d'un **cycle d'azulejos** illustrant la vie de saint Pierre d'Alcântara (1499-1562), réformateur de l'ordre franciscain. Remarquez aussi la tribune grillagée et les peintures de la fin du 18e s.

CONVENTO DOS CARDAES

Rua do Secúlo, 123 - ✆ 213 427 525 - www.conventodoscardaes.com - avr.-sept. : lun.-sam. 14h30-17h30 ; reste de l'année : sam. 14h30-17h30 (horaires susceptibles de modifications) - fermé j. fériés - 4 €.
L'ancien couvent carmélite accueille désormais des personnes déficientes mentales. Épargné par le séisme de 1755, il n'a guère changé depuis sa fondation, en 1681. L'**église★**, avec ses azulejos s'accordant aux ors d'une

Ruelle du Bairro Alto.

profusion de *talhas douradas,* est une véritable splendeur. Les petits patios ou le réfectoire permettent d'évoquer la vie des moniales autrefois. La visite permet aussi de découvrir une collection d'objets d'art sacré et se termine à la boutique, où sont vendus confitures et autres produits bio.

PALACIO POMBAL - CARPE DIEM ARTE E PESQUISA

Rua do Século, 79 - ✆ 211 977 102 - www.carpediemartepesquisa.com - merc.-sam. 13h-19h - fermé j. fériés - gratuit.

Le palais construit par le grand-père du marquis de Pombal accueille un centre d'art contemporain plurisiciplinaire. L'intérieur, de style rococo, est à découvrir à la faveur d'une exposition temporaire. De l'escalier d'apparat aux pièces du palais, ce n'est que succession de plafonds stuqués, de fresques et de panneaux d'azulejos « dans leur jus » : un cadre exceptionnel pour les installations et les créations d'avant-garde !

PRAÇA DO PRÍNCIPE REAL

Le petit quartier qui s'étend autour de cette agréable place et de la rua da Escola Politécnica a longtemps constitué, avec les abords de la cathédrale et la **rua São Bento,** le coin des antiquaires. Ces derniers sont désormais supplantés par les créateurs et les boutiques de mode ou de déco. L'endroit est également un des lieux de la vie nocturne gay à Lisbonne.

Le **jardim do Príncipe Real★** (ou jardim França Borges) est doté d'une buvette avec terrasse. Près de l'entrée, un majestueux **cèdre du Liban**, qui daterait d'avant le tremblement de terre de 1755, déploie d'immenses tentacules végétaux (soutenus par un ingénieux système de tonnelles) de plus de 25 m d'envergure. Cet arbre tutélaire diffuse en été une ombre bienfaitrice couvrant une partie de la place, qui devient ainsi un lieu de rendez-vous et de palabre. Sur la place se tient tous les samedis matin un marché biologique.

En dehors du **Reservatório da Patriarcal** *(mar.-sam. 10h-17h30 ; 2 € ; 6 € billet combiné 4 sites)*, au centre du jardin, réservoir souterrain construit pour alimenter la ville basse en eau, ne manquez pas de visiter le **palacete Ribeiro da Cunha**, de style néomauresque. L'intérieur est une merveille (*Embaixada - « Nos adresses/Shopping » p. 106*).

JARDIM BOTÂNICO★

Rua da Escola Politécnica, 58 - ✆ 213 921 800 - www.jb.ul.pt - 9h-20h (18h reste de l'année) - fermé 1er janv., 25 déc. - 2 €.

Il s'étend à flanc de coteau à proximité de l'avenida da Liberdade et dépend de l'Académie des sciences. Fondé en 1873 dans un but scientifique, il est l'un des plus réputés d'Europe pour sa flore subtropicale. Havre de paix dans un quartier animé, idéal pour pique-niquer, il offre de belles promenades le long de l'allée principale bordée de majestueux palmiers.

Le Rato et les Amoreiras

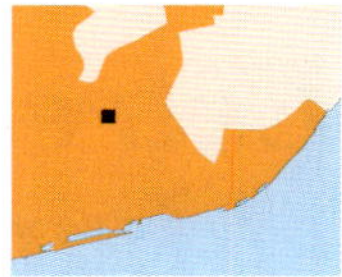

Au nord-ouest du quartier du Rato s'étend celui des Amoreiras (littéralement « mûriers »). Ne cherchez plus les arbres qui ont donné leur nom à ce dernier, ils ont été engloutis sous les tours des Amoreiras (1983), repérables de loin ! Longtemps décriés, ces édifices habillés de verre et de marbre abritent des bureaux, des appartements de luxe et un immense centre commercial.

▶**Accès :** BUS 711. M Marquês de Pombal, Rato.
Plan de quartier p. 52. Plan détachable CD4-5.
▶**Conseils :** depuis le métro Rato, la rua de São Bento descend jusqu'à Estrela et Madragoa, deux quartiers que vous pourrez visiter dans la foulée (*p. 50*).

FUNDAÇÃO ARPAD SZENES-VIEIRA DA SILVA★

Praça das Amoreiras, 56-58 - ✆ 213 841 490 - www.fasvs.pt - tlj sf lun. et mar. 10h-18h - fermé j. fériés - 5 €, gratuit 1er dim. du mois.
La fondation occupe une ancienne fabrique de soieries du 18e s., réaménagée avec sobriété et élégance par l'architecte Sommer Ribeiro. Elle présente un riche ensemble d'œuvres de **Maria Helena Vieira da Silva** (1908-1992), qui vécut une grande partie de sa vie à Paris, et de son mari, l'artiste hongrois **Arpad Szenes**. Le musée organise également des expositions temporaires consacrées à des artistes liés aux deux peintres.

MÃE D'ÁGUA DAS AMOREIRAS

Praça das Amoreiras - ✆ 213 251 644 - www.epal.pt- mar.-sam. 10h-12h30, 13h30-17h30 - fermé j. fériés - 5 € (12 € billet combiné 4 sites, dont le Museu da Água da EPAL).
Ce bâtiment achevé en 1746 abrite un réservoir qui recueille les eaux de l'**aqueduc des Eaux libres**★ (Aqueduto das Águas Livres), une construction de plus de 58 km dont la plus grande arche atteint 65 m de haut pour 29 m de large *(possibilité d'en sillonner une portion dans le quartier situé au-dessus des Amoreiras, à Campolide)*. À l'intérieur se trouvent une cascade et l'**arche des Eaux**★ (Arca da Água), d'une profondeur de 7 m et d'une capacité de 5500 m³. Au sommet, la terrasse offre une **vue**★ panoramique sur la ville. À côté se tient la maison du Registre, où étaient contrôlés les niveaux de l'eau qui partait vers les fontaines de la ville.
Visitez aussi le Museu da Água da EPAL, p. 37.

Estrela, Madragoa et Lapa

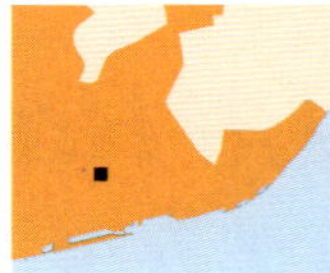

À l'ouest du Bairro Alto s'étendent les quartiers de Madragoa et d'Estrela, moins fréquentés par les touristes. Il fait bon flâner au hasard de ces rues vallonnées, pleines de charme, de recoins et de surprises. Les immeubles, hétéroclites, sont souvent délabrés mais progressivement rénovés. Madragoa est le quartier historique de la communauté cap-verdienne, qui s'était établie autour du largo do Conde Barão et de la rua Poço dos Negros (le « puits des Nègres » qui servit de fosse commune aux esclaves des 16e et 17e s.). Au nord-ouest, l'agréable quartier de Campo de Ourique, hors des sentiers battus, possède une population jeune et une identité propre. Entre le Tage et Estrela s'étend le quartier calme, chic et romantique de Lapa, secteur des ambassades et de la haute bourgeoisie. Il abrite de vieilles résidences de l'aristocratie aux façades ornées d'azulejos, et quelques luxueux hôtels.

▶**Accès :** Tram 28E, 25E. M Rato.

Plan de quartier p. 52. Plan détachable CD5-7.

▶**Conseils :** pour suivre la visite de la Casa-Museu Amália Rodrigues, rien de tel qu'un concert de fado (*« Nos adresses/Sortir », p. 108)*

CASA FERNANDO PESSOA★

Rua Coelho da Rocha, 16-18 - Tram 25E, 28E - 213 913 270 - http://casafernandopessoa.cm-lisboa.pt - lun.-sam. 10h-18h (dernière entrée 17h30) - fermé j. fériés - 3 €.

Les admirateurs du poète, écrivain et merveilleux fabulateur Fernando Pessoa ne manqueront pas de visiter cette maison, située dans le quartier résidentiel **Campo de Ourique**.

C'est dans une de ses chambres que le plus mythique des Lisboètes vécut les quinze dernières années de sa vie (1920-1935). Le lieu, aéré et composé de beaux volumes, a été totalement réaménagé dans un style moderne et fonctionnel. Les œuvres, les archives et d'émouvants objets ayant appartenu à l'écrivain (lunettes, carte d'identité, livres personnels, machine à écrire...) y sont rassemblés.

Lieu de recherche dédié à l'œuvre de Pessoa et à sa promotion, cette maison abrite aussi une librairie remarquable consacrée à la poésie portugaise et étrangère, et un petit lieu d'exposition accueillant peintures, sculptures, installations vidéo ou performances. À l'extérieur, les couloirs sont tapissés des poèmes et horoscopes des différents hétéronymes de l'auteur, qui était aussi un spécialiste en sciences occultes ! La terrasse du restaurant occupe une agréable **cour** ouverte autour d'un bassin.

CEMITÉRIO DOS INGLESES

Rua São Jorge, 6. - lun., merc., jeu et dim. 10h30-13h - gratuit.
Aménagé au début du 18e s., il abrite les sépultures d'Anglais ayant résidé au Portugal. Avec ses grands cyprès, ses tombes moussues ou recouvertes de buis, ce cimetière plein de poésie est une oasis inattendue de tranquillité au cœur de la ville. Le poète Henry Fielding (1707-1754) y repose.

JARDIM DA ESTRELA★★

www.jardimdaestrela.com - 7h-coucher du soleil.
Ce jardin de quartier, créé en pleine époque romantique, est l'un des plus paisibles et agréables de Lisbonne, avec ses nombreuses essences exotiques, ses animaux en liberté (oies, cygnes, canards, etc.), ses fontaines et ses grottes artificielles. Le jardin dispose en outre d'aires de jeux pour les enfants, d'une petite bibliothèque et d'une buvette ombragée, au bord du bassin.

BASÍLICA DA ESTRELA★

Praça da Estrela - Tram 28E et 25E - 8h45-20h.
Le sanctuaire à la façade solennelle fut bâti à la toute fin du 18e s., selon les vœux de la très conservatrice reine Maria, à une époque où le style baroque était largement dépassé.

C. Bouvet/Michelin

Allée du Cemitério dos Ingleses.

La croisée du transept est surmontée d'une belle **coupole★** que coiffe un lanternon.
À l'intérieur, dans une pièce à droite du maître-autel, figure une imposante crèche, aux personnages grandeur nature, sculptée par Machado de Castro.

CASA-MUSEU AMÁLIA RODRIGUES

(Musée Amália-Rodrigues)
Rua de São Bento, 193 - ✆ 213 971 896 - http://amaliarodrigues.pt - mar.-dim. 10h-13h, 14h-18h (dernière entrée 20mn av. fermeture) - fermé j. fériés - 5 €.
Deux ans après la mort de la reine du **fado** Amália Rodrigues (1920-1999) et quelques jours après le

LISBOA
RATO-ESTRELA-LAPA
plan V
0
300 m
N
AMOREIRAS
RATO
ESTRELA
MADRAGOA
LAPA
BAIRRO ALTO
Av. E. D. Pacheco
AMOREIRAS SHOPPING CENTER
R. José Gomez Ferreira
R. C. Alberto da Mota Pinto
R. das Amoreiras
Fundação Arpad Szenes - Vieira da Silva
Mãe d'Água das Amoreiras
Pr. das Aguas Livres
R. Dom João V
POL.
R. de S. F. Neri
R. Braamcamp
R. Alexandre Herculano
Av. da Liberdade
R. Araújo
Museu Medeiros e Almeida
R. Castilho
R. Barata Salitre
R. do Salitre
R. do Sol
Rato
R. Ferreira Borges
R. S. Carvalho
R. do Cabo
R. de Carvalho
Av. Pedro Álvares Cabral
R. da Escola Politécnica
Jardim Botânico
ANTIGA FACULDADE DE CIÊNCIAS
Palacete Ribeiro da Cunha
R. do Arco
Calç. E. M. Pais
Praça do Príncipe Real
Reservatório da Patriarcal
JARDIM DO PRINCÍPE REAL
Casa Fernando Pessoa
R. C. da Rocha
R. Saraiva
Cemitério dos Ingleses
Trav. de S. Quitéria
R. S. Bernardo
Casa-Museu Amália Rodrigues
R. de São Bento
R. de Estrela
R. D. Sequeira
Jardim da Estrela
Pr. da Estrela
Pr. das Flores
R. de S. Marçal
R. Coelho
Convento de Cardaes
R. do Século
R. E.
R. de Santo Amaro
Trav. do Patrocinio
R. de Santo António
Basílica da Estrela
Palácio da Assembleia da República
Palácio Pombal
L. de Jesus
Trav. da Arrochela
Calç. da Estrela
R. de B. Carneiro
Av. Infante Santo
Calç. do Combro
R. da Lapa
R. do Meio Lapa
R. das Quelhas
R. Poço dos Negros
ALTO DE SANTA CATARINA
R. S. João da Mata
R. das Trinas
R. do Machadinho
Museu das Marionetas
R. da Boavista
Av. Dom Carlos I
R. do Sacramento
R. de S. Domingos
R. G. de Horta
R. de Santos-o-Velho
Calç. M. de Abrantes
Largo do Conde Barão
R. Dom Luís I
Pr. Dom Luís I
Av. 24 de Julho
Embaixada de França
R. do Prior
R. das Janelas Verdes
Santos
MUSEU NACIONAL DE ARTE ANTIGA
Museu do Oriente
Cais do Sodré

transfert de sa dépouille au Panthéon national (*p. 36*), la maison où elle vécut la majeure partie de sa vie a été transformée en musée, selon sa propre volonté. La disposition des objets a peu changé, et la maison paraît encore habitée par la diva, avec ses tableaux, portraits, instruments de musique, médailles et décorations, robes de scène, bijoux, etc. Dans la salle à manger, la table est mise et semble prête à accueillir des invités.

« Pour en savoir plus/Fado », p. 148.

PALÁCIO DA ASSEMBLEIA DA REPÚBLICA

(Assemblée de la République)

Praça de São Bento - 213 91 90 00 - visite sur réserv. le dernier sam. du mois à 15h et 16h - gratuit.

En bas de la **rua de São Bento**, l'ancien et massif couvent bénédictin de São Bento abrite le Parlement portugais avec, au-dessus, la résidence du Premier ministre. Jetez un coup d'œil au grand escalier de façade et aux arches ornées des statues des Vertus. À l'intérieur, la salle des pas perdus est décorée de nombreuses sculptures.
Sur le côté droit du palais, la rua de São Bento concentre des **boutiques d'antiquaires★**.

MUSEU DAS MARIONETAS

(Musée des Marionnettes)

Convento das Bernardas - Rua da Esperança, 146 - 213 942 810 - www.museudamarioneta.pt - mar.-dim. 10h-13h, 14h-18h (dernière entrée 30mn av. fermeture) - fermé j. fériés - 5 €, gratuit dim. 10h-14h.

Installé dans un couvent cistercien, ce musée expose des marionnettes traditionnelles réalisées par la compagnie de São Lourenço et quelques modèles anciens.

Le long du Tage

Pour s'imprégner des ambiances portuaires et de l'atmosphère particulière des docks, le marcheur courageux peut effectuer à pied le trajet entre Belém et la praça do Comércio (ou inversement) par les quais. La municipalité libère progressivement les berges en les transformant en espace de loisirs. Il fait bon aujourd'hui se promener le long du Tage, surnommé « mer de Paille » en raison de ses reflets dorés au coucher du soleil.

▶**Accès :** Tram 15E. Estação Santos, Alcântara. BUS 727, 728, 729, 751

***Plans de quartier** **p. 42** **et** **p. 52**. **Plan détachable A-E 7-8**.*

▶**Conseils :** Compter 1h30 à pied (quelques parties, moins agréables, ne longent pas directement le fleuve), à éviter quand le soleil est au zénith. À voir absolument, le musée d'Art ancien, le plus riche du Portugal.

PONTE 25 DE ABRIL★

(Pont du 25-Avril)

A8 Avant son inauguration en 1966, aucun pont ne franchissait le Tage en aval de Vila Franca de Xira. Après la révolution des Œillets de 1974, le pont Salazar fut vite rebaptisé pont du 25-Avril. D'une longueur totale de 2 278 m, le pont, dont le tablier est suspendu à 70 m au-dessus des eaux, est supporté par deux pylônes, d'une hauteur de 190 m. En juillet 1999, une voie ferrée fixée sous le tablier routier a été inaugurée. Cet axe ferroviaire relie sept gares de banlieue.

Le port de Lisbonne

Il est l'une des principales escales maritimes d'Europe. Son trafic (plus de 10 millions de tonnes par an) consiste surtout en marchandises lourdes et en conteneurs ; c'est aussi un port d'exportation de produits agricoles (vin et liège). Les ports de voyageurs, avec un trafic annuel de 500 000 passagers, sont situés à Rocha do Conde de Óbidos, Alcântara et Santa Apolónia. En été, des ***excursions en bateau*** *sont proposées le long de la côte (p. 127).*

MUSEU DA CARRIS

(Musée Carris)

A8 *Rua 1° de Maio, 101-103 - 213 613 087 - http://museu.carris.pt - lun.-sam. 10h-18h (dernière entrée 30mn av. fermeture) - fermé j. fériés - 3 €.*

L'intéressant musée de la compagnie des transports urbains de Lisbonne fait aussi office de hangar à tramways, où d'anciens modèles sont exposés. Au fond du vaste espace, le **Village Underground Lisboa** (*http://vulisboa.com*) est un espace de *coworking* en forme d'empilement de containers et de bus à impériale avec café.

Sous le pont du 25-Avril, avec le Cristo Rei d'Almada en arrière-plan.

LX FACTORY

A8 *Rua Rodrigues Faria, 103 - ✆ 213 143 399 - www.lxfactory.com.* L'ancienne manufacture textile et imprimerie du 19e s. est devenue une ruche de créativité en attirant artistes, stylistes et designers, qui y ont aménagé des galeries, ateliers et boutiques. Des restaurants au décor recherché achèvent de faire de l'endroit l'un des pôles de la vie nocturne lisboète. Petit marché aux puces le dimanche *(11h-18h)*.

DOCAS

(Les docks)

ABC8, DE7 Entre Cais do Sodré (*p. 57*) et le pont du 25-Avril s'alignent les docks de Santos, puis ceux d'**Alcântara** et de **Santo Amaro**. Ces deux derniers sont devenus des lieux à la mode : restaurés et aménagés, les entrepôts abritent des bars et restaurants avec terrasses, quelques boutiques, des discothèques et des équipements culturels. Certaines **croisières** sur le Tage partent d'Alcântara (*p. 127*).

MUSEU DO ORIENTE★★

(Musée de l'Orient)

B8 *✆ 213 585 200 - www.museudooriente.pt - mar.-dim. 10h-18h (vend. jusqu'à 22h) - fermé 1er janv. et 25 déc. - 6 € (gratuit vend. 18h-22h) - visite guidée 7 € (vend. soir 3 €).* La Fundação Oriente occupe d'anciens entrepôts destinés au stockage de la morue. Le musée consacré aux **arts asiatiques** témoigne des contacts anciens et prolongés des Portugais avec l'Asie : céramiques et porcelaines chinoises, mobilier indo-portugais, textiles, peintures, argenterie... La collection Kwok On présente un important fonds d'arts populaires liés à la musique, au théâtre et aux fêtes traditionnelles (instruments, costumes, marionnettes, masques...). Expositions temporaires. Également sur place : un centre de documentation, un auditorium et un restaurant.

MUSEU NACIONAL DE ARTE ANTIGA★★★

(Musée national d'Art ancien)

C7 *Rua das Janelas Verdes, 9 - ✆ 213 912 800 - www.museudearteantiga.pt -*

Holger Leue/Getty Images

Détente au bord du Tage, du côté de Cais do Sodré.

Lisbonne, reine du Tage

Cité océanique postée aux confins de l'Europe, la capitale de la province de l'Estrémadure (qui signifie « extrémité ») a le regard tourné vers le large. À l'image de sa rivale Porto, la vie quotidienne est pourtant d'abord rythmée par le fleuve. La vieille ville est lovée sur la rive droite du Tage, à 15 km de l'Atlantique. Sa baie fluviale de 11 km de large en fait le plus beau port naturel du Portugal. Le Tage forme une sorte de vaste lac intérieur, dont Lisbonne contrôle la sortie vers l'Océan.

mar. 14h-18h, merc.-dim. 10h-18h - fermé j. fériés - 6 €, gratuit 1er dim. du mois.

À l'extrémité sud du quartier de Lapa, cet exceptionnel musée est installé dans le palais des comtes d'Alvor (17e s.), qui devint par la suite propriété du marquis de Pombal. Il possède une remarquable collection d'œuvres d'art provenant en partie de la confiscation des biens des couvents, au moment de la suppression des ordres religieux en 1833. Ces collections, qui réunissent des peintures, sculptures, arts décoratifs du 12e s. au début du 19e s., sont étroitement liées à l'histoire du Portugal : artistes portugais, peintres européens ayant vécu ou séjourné au Portugal, objets provenant des anciennes colonies portugaises.

Sa principale richesse est la collection de primitifs portugais, dont le polyptyque de l'**Adoration de saint Vincent★★★**, peint entre 1460 et 1470 par Nuno Gonçalves. On y reconnaît notamment, autour de saint Vincent, patron du Portugal, Henri le Navigateur. À ne pas manquer non plus, au 1er étage, la fascinante **Tentation de saint Antoine★★★** de Jérôme Bosch, grouillante de créatures monstrueuses et fantastiques, le *Saint Jérôme* de Dürer et les **Douze Apôtres★** de Zurbarán.

Le 2e étage abrite orfèvrerie religieuse (dont le fleuron de la collection, un superbe **ostensoir du monastère de Belém**, 1506) et arts décoratifs orientaux. Une salle est consacrée aux précieux **paravents japonais★★** *(namban)* : ils montrent, entre autres, l'arrivée des Portugais à Nagasaki.

Le musée dispose également d'une boutique, d'une petite cafétéria qui s'ouvre sur les jardins et la très belle **terrasse★★** surplombant le Tage, et d'un restaurant installé dans un agréable patio.

CAIS DO SODRÉ

E7 À l'ouest de la praça do Comércio, la zone portuaire de Cais do Sodré est bordée de restaurants et de bars aux vastes terrasses donnant sur le Tage. Épicentre de ce quartier où les marins venaient fréquenter les bars à hôtesses, la **rua Nova do Carvalho** réhabilitée aligne, le long de sa chaussée habillée de rose, des clubs et bars prisés des noctambules.

La silhouette orientalisante du **Mercado da Ribeira** se dresse le long de l'avenida 24 de Julho. Le principal marché de Lisbonne, né en 1892, accueille depuis 2014 un espace de restauration en forme de vitrine de la gastronomie portugaise (*« Nos adresses/Se restaurer » p. 95*).

Parque das Nações★★

Transformé en parc de loisirs du 21e s., le site de l'Exposition universelle de 1998 s'étend sur 60 ha au nord-est de la ville, sur les berges du Tage aux abords du dock dos Olivais. Sur une zone industrielle jadis polluée, une véritable ville nouvelle est sortie de terre en quelques années, avec des immeubles résidentiels, des bureaux, des commerces, un port de plaisance et des jardins. Le parc des Nations est devenu un espace de promenade et de divertissement, avec ses attractions et lieux de spectacle, ses bars et restaurants, ses jardins et sa vaste zone piétonne.

▶**Accès :** M Oriente.

Plan d'agglomération p. 14-15 (ND). Plan de quartier p. 59.

▶**Conseils :** Comptez une demi-journée pour vous promener dans le parc et visiter au moins le très bel aquarium.

PARQUE DAS NAÇÕES★★

(Parc des Nations)

www.portaldasnacoes.pt

Le site s'insère dans une opération urbanistique de vaste envergure : le réaménagement de la partie orientale de la ville et la revitalisation des berges du Tage. Cette **ville futuriste**, dont l'aménagement devrait se poursuivre jusque vers 2020, bénéficie d'équipements ultramodernes et a été pionnière dans l'utilisation de moyens de transport non polluants (électriques notamment). Très fréquenté le week-end et en période de vacances scolaires, le parc est souvent désert en semaine hors saison : en cause, les prix élevés des attractions et des restaurants. L'endroit n'en demeure pas moins agréable pour une promenade, parmi les pelouses et les fontaines en forme de pyramides crachant des gerbes d'eau à intervalles réguliers. Tout ici est placé sous le signe de l'eau. Une vingtaine d'œuvres d'artistes contemporains portugais et étrangers parsèment également le parc. De nombreux pavements décoratifs égaient les sols, tels ceux de Fernando Conduto devant le Rossio dos Olivais, ou de Pedro Proença à côté de l'Oceanário (*p. 62*).

La nuit, le parc reste animé, surtout l'été : concerts en plein air, notamment ou sur les scènes du quai des Olivais ou au pavillon de l'Atlantique, présence de nombreux bars et restaurants, parmi lesquels, près du jardim Garcia da Orta, le Peter Café Sport, cousin du célèbre café du même nom situé aux Açores.

PONTE VASCO DA GAMA★★

Destiné à alléger le trafic du pont du 25-Avril, le majestueux pont routier Vasco-de-Gama fut construit entre 1995 et 1998. Long de 18 km,

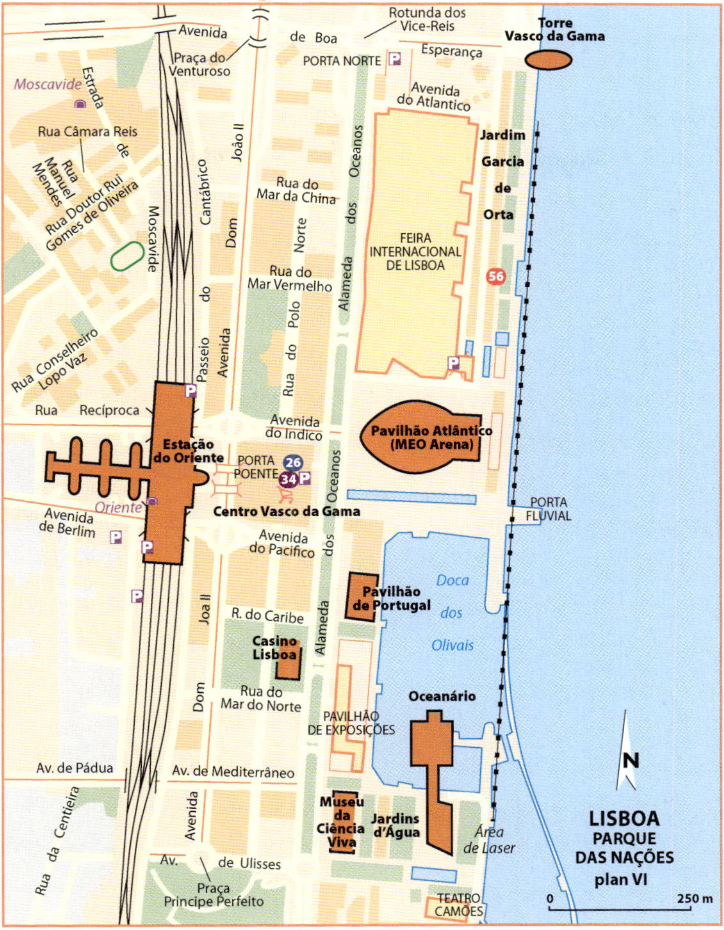

SE RESTAURER	PRENDRE UN VERRE	SHOPPING
Senhor Peixe........................56	Beer Deck.................................26	Vasco da Gama Shopping Center...34

il franchit le Tage entre Sacavém et Montijo, créant une liaison directe entre le nord et le sud du pays en évitant le centre de Lisbonne. Les deux tiers du parcours s'effectuent au-dessus de l'eau. Certaines travées s'appuient sur des piliers pouvant atteindre 150 m de hauteur, enterrés jusqu'à 95 m de profondeur. La hauteur du tablier varie de 14 à 30 m pour permettre la navigation.

TORRE VASCO DA GAMA

Située à l'extrême nord du parc, la tour était à l'origine un belvédère offrant des vues panoramiques sur l'ensemble du site et du quartier, ainsi que sur l'estuaire du Tage. Elle acueille depuis 2012 un hôtel de luxe de 21 étages, obéissant aux principes de l'architecture bioclimatique.

TÉLÉPHÉRIQUE

2 stations : près de la Torre Vasco de Gama et près de l'Oceanário - www.telecabinelisboa.pt - juin-sept. : 10h30-20h ; mars-mai et oct. : 11h-19h ; nov.-fév. : 11h-18h - 5,90 € AR, 3,95 € AS. Les cabines ovoïdes longent les quais sur plus d'un kilomètre, juste au-dessus du fleuve et des jardins tropicaux. Une façon agréable de contempler le parc sans trop se fatiguer.

JARDIM GARCIA DE ORTA★

Devant le cais dos Olivais, le long du Tage, s'étend ce plaisant jardin du nom du médecin du 16e s. qui étudia et classa les plantes asiatiques. Sa végétation est originaire des régions visitées par les Portugais à l'époque des Grandes Découvertes.

ESTAÇÃO DO ORIENTE★

(Gare d'Orient)

Cette grande gare multimodale (trains, métro et gare routière), œuvre de l'architecte espagnol Santiago Calatrava, est recouverte d'une structure arborescente de verre et d'acier aux allures de palmeraie.

CENTRO VASCO DA GAMA

Le grand navigateur eût-il apprécié de voir son nom accolé à un centre commercial, même décoré sur le thème de l'eau ? La question reste en suspens tandis que l'on arpente les galeries. Des verrières sur lesquelles coule de l'eau fraîche font office de climatisation (*« Nos adresses/ Shopping », p. 107*).

LES PAVILLONS

Les pavillons de l'Exposition universelle, représentatifs de l'architecture contemporaine, ont désormais des fonctions et des contenus différents.

Pavilhão Atlântico (Pavillon de l'Atlantique ou MEO Arena) – *Rossio dos Olivais - ☎ 218 918 409 - http://arena.meo.pt.* Cet impressionnant bâtiment en forme de carène renversée peut recevoir jusqu'à 20 000 spectateurs et accueille des épreuves sportives, des concerts, des expositions et des congrès.

Pavilhão de Portugal (Pavillon

Couverture de verre de l'estação do Oriente, par l'architecte Santiago Calatrava.

du Portugal) – *Ne se visite pas.* Avec sa dalle de béton incurvée, il fut conçu par le grand architecte portugais Álvaro Siza Vieira. Il sert ponctuellement d'espace d'exposition. **Pavilhão do Conhecimento** (Pavillon de la Connaissance) – *Alameda dos Oceanos - ✆ 218 917 100 - www.pavconhecimento.pt - mar.-vend. 10h-18h, w.-end et j. fériés 11h-19h - 8 € - fermé 24, 25, 31 déc. et 1er janv.* Ce pavillon a été reconverti en musée interactif des sciences et des nouvelles technologies (**Museu da Ciência Viva**), où sont présentées de façon ludique des expositions thématiques temporaires liées à la recherche scientifique.

CASINO LISBOA

Alameda dos Oceanos - ✆ 218 929 000 - www.casino-lisboa.pt - dim.-jeu. 15h-3h, vend., sam. et veilles de j. fériés 16h-4h - fermé 25 déc.
Aménagé sur 3 niveaux dans l'ancien **pavillon du Futur**, le casino offre plusieurs restaurants, des cafés lounge et un bar panoramique. Son Auditório dos Oceanos (600 places) accueille divers spectacles.

OCEANÁRIO DE LISBOA★★

(Océanorium de Lisbonne)
Esplanada Dom Carlos I - ✆ 218 917 002 - www.oceanario.pt - 10h-20h (hiver 19h), dernière entrée 1h av. fermeture - fermé le matin 25 déc. et 1er janv. - 13 €.
Vedette incontestée de l'Expo'98, le plus grand aquarium d'Europe (au moment de son inauguration), conçu par l'architecte américain Peter Chermayeff, tient à la fois du musée et du parc océanographique. Il abrite près de 8000 animaux marins et plus de 250 espèces de plantes.
Les cinq bassins principaux restituent les écosystèmes biogéographiques des océans Arctique, Indien, Pacifique et Atlantique. Plongée directe dans un formidable ballet aquatique...
Dans l'énorme **bassin central** de 7000 m³ d'eau de haute mer (soit quatre piscines olympiques !), cohabitent en bonne harmonie les raies impressionnantes, les inquiétants requins, les grands bancs de maquereaux ou de chinchards, etc. Le parcours, tantôt émergé tantôt immergé, permet d'assister au plongeon des manchots de l'Antarctique ; dans la zone pacifique tempérée, les loutres de mer se prélassent telles des starlettes. Ce gigantesque laboratoire d'étude de la faune des mers du globe est aussi une institution vouée à la protection du monde aquatique. Au 2e étage de l'Edifício do Mar, un parcours aquatique accueille des expositions temporaires d'envergure.

JARDINS DA ÁGUA★

(Jardins d'eau)
Dans cet espace ludique placé sous le thème de l'eau, des passerelles de bois font circuler les visiteurs sur un bassin, parmi les bambous et divers appareillages servant à recueillir l'eau, pour la plus grande joie des enfants. Les jardins se prolongent tout au long de l'Alameda dos Océanos avec des sculptures coniques recouvertes de céramiques aux couleurs vives et ruisselant d'eau.

Belém★★

Un parfum de grand large flotte encore sur Belém : embarquement pour le rêve et l'imaginaire d'outre-mer. « Bethléem » (en portugais) fut le port d'attache des vaisseaux portugais qui, dès le 15e s., se lancèrent sur les mers inconnues, à la découverte de terres à conquérir et à convertir, et à la recherche de nouvelles richesses. Le monastère des Hiéronymites et la tour de Belém, chefs-d'œuvre de l'art manuélin, marquent l'apogée de l'histoire portugaise. Mais ce quartier historiquement tourné vers les horizons lointains est aussi résolument ancré dans le 21e s. : un vaste centre culturel, en partie dédié à l'art contemporain, a été inauguré en 1993.

▶**Accès :** Tram 15E. Estação Belém (ligne de Cascais). BUS 728, 714 et 751.
Plan d'agglomération p. 14-15 (QA). Plan de quartier p. 64.
▶**Conseils :** Comptez une grosse demi-journée pour la visite de Belém, et une journée entière si vous complétez par la visite du quartier d'Ajuda (*p. 70*).

MOSTEIRO DOS JERÓNIMOS★★★

(Monastère des Hiéronymites)
Praça do Império - 213 620 034 - www.mosteirojeronimos.pt.
L'ensemble architectural a été classé au **Patrimoine mondial de l'Unesco**. Le roi Manuel entreprit en 1502 de bâtir ce magnifique monastère destiné aux Hiéronymites (moines de l'ordre de saint Jérôme), et considéré aujourd'hui comme la pièce maîtresse de l'art manuélin. Cet art glorifiait les Grandes Découvertes : Vasco de Gama rentrait des Indes et ses caravelles avaient accosté dans le port de Restelo près de Belém. Bénéficiant de l'afflux de richesses à Lisbonne, les architectes purent se lancer dans une œuvre de grande envergure. Le Français Boytac adopta le style gothique, mais, après 1517, ses successeurs le modifièrent et y ajoutèrent l'appareil ornemental caractéristique du style manuélin, où se mêlent diverses influences. La beauté du bâtiment tient aussi à la qualité de sa pierre douce et claire, qui se laisse ciseler. Admirez la richesse et la profusion des moulures : motifs marins (coraux, chaînes d'ancre, coquillages, etc.), fleurs de pavot, ananas, artichauts, têtes de navigateurs, grappes, grotesques Renaissance, etc. Seuls les bâtiments ajoutés au 19e s., à l'ouest du clocher, affectent quelque peu l'harmonie architecturale de l'ensemble.

Igreja de Santa Maria★★★

Lun.-sam. 10h30-18h30, dim. 13h30-18h30 - gratuit.
L'intérieur – Il surprend par la hardiesse de la **voûte**★★ en étoile, soutenue par des gerbes d'ogives jaillissant des piliers octogonaux et se ramifiant à l'infini ; cette voûte a d'ailleurs résisté au tremblement de

SE RESTAURER
- Enoteca de Belém 53
- Floresta de Belém 40
- O Caseiro 42

PRENDRE UN VERRE
- Antiga Confeitaria de Belém 28
- CCB Bar-Terraço 27

SORTIR
- Centro Cultural de Belém 18

terre de 1755 en dépit de la légèreté de ses piliers. Sous la tribune du *coro alto*, à l'entrée de l'église, se trouvent les tombeaux néomanuélins de Vasco da Gama et de Camões, dont le gisant est couronné de lauriers.

La sacristie – *1 €*. Son pilier central s'évase en corolle pour dessiner sur la voûte un réseau de fines nervures ondulant jusqu'aux trompes d'angle. L'architecture de la salle retient l'attention au moins autant que le cycle de peintures figurant la vie de saint Jérôme (16e s.).

Cloître★★★

Mar.-dim. 10h-18h30 (oct.-avr. 17h30), dernière entrée 30mn av. fermeture - 10 €, 12 € avec la tour de Belém et 16 € avec le musée d'archéologie, gratuit 1er dim. du mois. Ce chef-d'œuvre de l'art manuélin est d'une richesse sculpturale éblouissante, en particulier l'étage inférieur, réalisé par Boytac. La pierre revêt en fin d'après-midi une chaude teinte dorée. La salle capitulaire abrite le tombeau de l'écrivain Alexandre Herculano.

Juste à côté se dresse la modeste tombe de Fernando Pessoa.

Les portails

Le portail sud, œuvre de Boytac et de João de Castilho, foisonne de statues, dont celle, sous la Vierge dominant l'ensemble, d'Henri le Navigateur. Le portail ouest, réalisé par Nicolas Chanterene, est orné des statues du roi Manuel et de sa seconde épouse, Marie d'Aragon.

MUSEU NACIONAL DE ARQUEOLOGIA

(Musée national d'Archéologie)
✆ 213 620 000 - www.museuarqueologia.pt - mar.-dim. 10h-18h - fermé j. fériés - 5 € - gratuit 1er dim. du mois.
Situé dans l'aile ouest (19e s.) du monastère, il présente les fleurons du patrimoine archéologique national, des origines à l'époque romaine. Le **trésor**★ abrite une riche collection d'orfèvrerie préhistorique provenant de différents lieux de fouilles du Portugal : magnifiques bracelets, torques et boucles d'oreilles en or.

MUSEU DA MARINHA★★

(Musée de la Marine)
✆ 210 977 388 - http://museu.marinha.pt - mar.-dim. 10h-18h (oct.-avr. 17h) - dernière entrée 30mn av. fermeture - fermé j. fériés - 6 €, gratuit 1er dim. du mois et le 20 mai.
Ce conservatoire du passé maritime portugais, composé d'une collection exceptionnelle de **maquettes**★★★ d'embarcations de différentes époques, est installé dans deux bâtiments distincts. Le **bâtiment principal** est consacré aux découvertes et à la marine militaire du 15e au 18e s., à la marine de guerre des 19e et 20e s., et à la marine de pêche. Le **Pavilhão das Galeotas** *(pavillon des Galiotes)* abrite un ensemble de magnifiques galiotes d'apparat. L'embarcation la plus remarquable par sa décoration, due à l'ornemaniste (sculpteur d'ornements) français Pillement, est le brigantin royal, construit en 1778.

PLANETÁRIO CALOUSTE-GULBENKIAN

(Planétarium Calouste-Gulbenkian)
Praça do Império - ✆ 213 620 002 - http://planetario.marinha.pt - mar.-vend. et dim. 9h30-12h, 13h45-16h, sam. 13h45-16h30 - 5 € (enf. et 1er dim. du mois 2,50 €).
Sous la coupole haute de 23 m, projections d'images et de films sur les étoiles, la formation de l'univers et des galaxies.

CENTRO CULTURAL DE BELÉM★

(Centre culturel)
Praça do Império - ✆ 213 612 400 - www.ccb.pt - lun.-vend. 8h-20h, sam.-dim. et j. fériés 10h-18h - fermé 25 déc.
En face de l'exubérant monastère des Hiéronymites, construit avec le même calcaire brut, cet immense bâtiment joue un rôle de premier plan dans la vie culturelle portugaise, avec une programmation variée de spectacles de musique, de théâtre et de danse, et d'importantes expositions. Outre un

centre de congrès et plusieurs salles de spectacle, il abrite d'agréables jardins, plusieurs bars, des boutiques, un restaurant et une cafétéria dont la terrasse donne sur le Tage (*« Nos adresses/Faire une pause » p. 101*).

Museu-Colecção Berardo★★ (Musée Berardo) – *213 612 878 - www.museuberardo.pt - mar.-dim. 10h-19h - fermé 25 déc. - gratuit.*
Ce musée, installé depuis 2007 au cœur du centre culturel, présente par rotation une partie de l'exceptionnelle collection d'**art moderne et contemporain** du milliardaire madérois Joe Berardo. Un parcours historique et thématique (abstraction, figuration, surréalisme, pop art, hyperréalisme, art minimal, art conceptuel) permet de découvrir des œuvres de Picasso, Dalí (*Téléphone blanc aphrodisiaque*), Max Ernst, Mondrian, Francis Bacon (*Œdipe et le Sphinx*), Magritte, Henry Moore, Man Ray, Pollock, Warhol (*Ten Foot Flowers*), Keith Haring... Le site accueille également des expositions temporaires d'arts plastiques, d'architecture et de photos, modernes et contemporaines.

TORRE DE BELÉM★★★

(Tour de Belém)

Avenida de Brasília - 213 620 034 - www.torrebelem.pt - mar.-dim. 10h-18h30 (oct.-avr. 17h30), dernière entrée 17h - fermé j. fériés. - 6 €, 12 € billet combiné avec le monastère des Hiéronymites, gratuit 1er dim. du mois.
Emblème de Lisbonne, cette élégante tour, inscrite au patrimoine mondial de l'Unesco, est le symbole de l'expansion portugaise à travers le monde. Érigée entre 1515 et 1521 par l'architecte Francisco d'Arruda, elle était à l'origine située au beau milieu du Tage, dont elle défendait l'embouchure. Le tremblement de terre de 1755 a déplacé le cours du fleuve, et la tour s'est retrouvée près du rivage. Véritable manifeste d'art manuélin, ce bastion aux allures de donjon médiéval est un petit bijou architectural : loggias à arcades et balcons à fenêtres géminées de style vénitien, dômes d'inspiration mauresque, créneaux ornés d'écussons, de sphères armillaires et de croix de l'ordre du Christ... Depuis la terrasse du 5e étage, superbe **vue** sur le Tage.

PADRÃO DOS DESCOBRIMENTOS

(Monument des Découvertes)

Avenida de Brasília - 213 031 950 - www.padraodescobrimentos.pt - 10h-19h (oct.-avr. 18h), dernière entrée 30mn av. fermeture - fermé j. fériés - 4 €.
Haut de 52 m, ce monument à l'esthétique néoréaliste caractéristique des années Salazar fut élevé en 1940 et achevé en 1960 à l'occasion du 500e anniversaire de la mort d'Henri le Navigateur. Œuvre du sculpteur Leopoldo de Almeida, il représente l'immense proue d'un navire sur laquelle l'infant ouvre la voie à une foule de personnages parmi lesquels le roi Manuel, Camões et Nuno Gonçalves. À l'intérieur sont présentées des expositions liées aux Grandes Découvertes et plusieurs films. Du sommet du monument

Détail du Padrão dos Descobrimentos

(accès par ascenseur), une **vue** s'offre sur le Tage, les monuments de Belém, les quartiers ouest et la mosaïque en marbre au pied du monument.

MUSEU DA ELECTRICIDADE

(Musée de l'Électricité)

Avenida de Brasilia - ✆ 210 028 130 - www.edp.pt - mar.-sam. 10h-18h, dernière entrée 30mn av. fermeture - gratuit.

Le bel édifice de brique (déb. 20e s.), ancienne centrale électrique alimentant la ville, a conservé l'ensemble de son équipement – condensateurs, générateurs à turbines et autre impressionnant secteur des chaudières. Des expériences sont proposées aux plus jeunes, ainsi qu'une explication des différentes manières de produire de l'électricité, notamment grâce aux barrages, très nombreux au Portugal.

MUSEU NACIONAL DOS COCHES/ PICADEIRO REAL★★

(Musée national des Carrosses et Manège royal)

Avenida da Índia, 136, et praça Afonso de Albuquerque (Picadeiro Real), à l'angle de la calçada de Ajuda - ✆ 210 732 319 et 213 610 850 - www.museudoscoches.pt - mar.-dim. 10h-18h (dernière entrée 30 à 45mn av. fermeture) - fermé j. fériés - 6 € (musée) et 4 € (Picadeiro Real), billet combiné 8 €, gratuit 1er dim. du mois.

saiko3p/iStock

Le musée de l'Électricité, installé dans une centrale électrique du début du 20e s.

Inauguré en 2015 dans un bâtiment d'une blancheur immaculée, le « **novo museo dos Coches** » abrite un **ensemble exceptionnel**★★ d'équipages du 16ᵉ au 20ᵉ s. Dans la première galerie est exposée une berline apportée par Philippe II d'Espagne à la fin du 16ᵉ s., plus ancienne pièce du musée. Suit un éblouissant ensemble de carrosses d'apparat du 17ᵉ s. et 18ᵉ s., peints et décorés avec un luxe inouï. La palme de l'ostentatoire revient incontestablement aux trois carrosses de l'**ambassade du pape**★★, utilisés par Jean V pour éblouir Clément XI lors de sa venue à Rome, en 1716. La galerie parallèle abrite surtout des voitures plus modestes – berlines, chaises à porteurs, voitures de promenade pour enfant et véhicules utilitaires. Remarquez les traces de balles sur le landau dit du régicide, dans lequel Charles Iᵉʳ et son fils aîné furent assassinés en 1908.
Le **Picadeiro Real**, de l'autre côté de la place, est l'ancien manège du palais royal de Belém. Il abrite d'autres carrosses d'apparat du 18ᵉ s., de style baroque ou rocaille, pour la plupart réalisés à l'occasion d'événements particuliers, tels des mariages princiers.

MUSEU DA PRESIDÊNCIA DA REPÚBLICA

(Musée des Présidents de la République)

Praça Afonso de Albuquerque - ✆ 213 614 660 - www.museu.presidencia.pt - mar.-dim. 10h-18h (palais : sam. 10h30-16h30) - fermé j. fériés et sam.-dim. 13h-14h - musée seul : 2,50 €, gratuit dim. 10h-13h ; musée et palais (w.-end, visite guidée du palais et des jardins.) : 5 €
Installé dans un patio à côté du palais de Belém, ce musée moderne et multimédia met en lumière l'histoire du Portugal depuis la proclamation de la république en 1910. À travers une belle galerie de portraits, il présente les présidents du pays et l'évolution de leurs fonctions. De nombreux cadeaux offerts aux chefs d'État portugais ainsi que des objets leur ayant appartenu sont également exposés. Film intéressant évoquant l'histoire du pays.

JARDIM DO ULTRAMAR/ JARDIM BOTÂNICO TROPICAL

69

Largo dos Jerónimos - ✆ 213 609 660 - www2.iict.pt/jbt - 10h-20h (avr. et sept. 19h, fév.-mars et oct. 18h, nov.-janv. 17h) - fermé dim. de Pâques, 2 déc. et 1ᵉʳ janv. - 2 €.
Derrière la fameuse pâtisserie de Belém (*« Nos adresses/Faire une pause » p. 101*), ce jardin de l'Institut d'investigation scientifique tropical fut créé au début du 20ᵉ s. pour étudier la flore des anciennes colonies portugaises. Il réunit sur 7 ha palmiers, eucalyptus, ginkgos biloba de Corée, ainsi que de nombreuses essences exotiques de Madère, du Brésil, de l'Angola et du Mozambique.

Ajuda★

Situé entre le Tage et le parc Monsanto, ce quartier populaire est l'un des plus authentiques de Lisbonne, mais aussi l'un des plus méconnus des touristes. Les îlots villageois ne vous décevront pas, d'autant qu'ils recèlent d'étonnantes surprises, qui ont un parfum d'ailleurs. Un palais romantique, un jardin exotique, un musée d'ethnographie et un centre culturel dédié à Macao achèvent de faire d'Ajuda une escale enrichissante.

▶**Accès :** Tram 18E, BUS 729.
Plan d'agglomération p. 14-15 (QA). Plan détachable A7-8.
▶**Conseils :** Du palais d'Ajuda, le bus 760 ou le tram 18E vous ramènent directement à la praça do Comércio ; à pied, vous redescendez vers le quartier de Belém en 15mn.

PALÁCIO NACIONAL DA AJUDA★

(Palais d'Ajuda)
QA *Largo da Ajuda, en haut de la calçada da Ajuda - 213 637 095 - http://pnajuda.imc-ip.pt - tlj sf merc. 10h-18h (dernière entrée 30mn avant fermeture) - fermé j. fériés. - 5 €, gratuit le 1er dim. du mois.*
Situé sur les hauteurs de Belém, cet ancien palais royal (18e-19e s.), construit après le tremblement de terre mais resté inachevé, fut la résidence des monarques portugais Louis et Maria Pia à partir de 1862. Il présente sur deux niveaux une succession de salles aux plafonds peints, décorées d'une profusion de mobilier, tapisseries, statues (Machado de Castro), peintures (Domingos Sequeira, Vieira Portuense) et objets décoratifs du 19e s., constituant l'un des ensembles romantiques les plus complets d'Europe. Remarquez le plafond du jardin d'hiver, couvert d'agate. La surprenante salle de Saxe est entièrement décorée de personnages et meubles en porcelaine de Saxe. La chambre et la salle à manger de la reine, emplies d'objets personnels, exhalent une atmosphère intimiste. Les salles du premier étage sont plus vastes et solennelles. Le palais abrite certains services du ministère de la Culture.

JARDIM BOTÂNICO DA AJUDA

QA *213 622 503/653 137 - www.jardimbotanicodajuda.com - tlj. 9h-20h (avr. 19h, oct.-mars 18h) - fermé 25 déc., 1er janv. - 2 €.*
Situé en haut de la calçada da Ajuda, composé d'essences exotiques ramenées par les navigateurs, il fut créé à l'initiative du roi José Ier en 1768. Un passage donne accès au romantique **jardim das Damas** *(jardin des Dames)* du 18e s.,

agrémenté de cascades et de bassins, autrefois lieu de promenade des dames de la Cour.

RUA DO GUARDA JÓIAS ET RUA DO CRUZEIRO

QA À l'est du largo da Ajuda subsistent des îlots villageois à l'habitat disparate, où la vie familiale et communautaire est centrée sur une cour ou une ruelle. Ces *páteos* étaient à l'origine des petits quartiers solidaires d'artisans ou d'ouvriers. Remarquez notamment le **páteo Alfacinha** *(rua do Guardo Jóias, 44)*. L'ambiance est généralement à la fête en fin de semaine.

MUSEU NACIONAL DE ETNOLOGIA

(Musée national d'Ethnologie)
QA *Avenida Ilha da Madeira, Restelo - ✆ 213 041 160 - http://mnetnologia.wordpress.com - mar. 14h-18h, merc.-dim. 10h-18h - 3 € - visite guidée mar., jeu. et sam. 14h30 et 15h30 ; même tarif.*
Pour visiter ce musée situé dans le quartier de Restelo, sur les hauteurs de Belém, il faut absolument venir aux horaires des visites guidées, seule manière de découvrir ses réserves qui traitent, pour la première de la société rurale et traditionnelle portugaise, et pour la seconde d'artisanat amérindien. Plus modeste, la salle des collections permanentes montre en alternance des objets d'art et d'artisanat en provenance de l'ancien Empire portugais (Angola, Mozambique, Amazonie brésilienne, etc.) : textiles, vannerie, masques, poterie… Expositions temporaires et thématiques.

CENTRO CIENTÍFICO E CULTURAL DE MACAU★

(Centre scientifique et culturel de Macao)
QA / A8 *Rua da Junqueira, 30 - ✆ 213 617 570 - www.cccm.pt - mar.-dim. 10h-18h - fermé j. fériés. - 3 €, gratuit dim. 10h-14h.*
Ce centre a été inauguré en 1999, au moment de la rétrocession de Macao à la Chine. Dès la deuxième moitié du 16e s., Macao fut une enclave portugaise en Chine, un trait d'union entre les civilisations d'Occident et d'Asie orientale. Au rez-de-chaussée, le musée retrace de façon vivante l'histoire étonnante du contact entre les Portugais et ce port chinois. Le premier étage expose un nombre impressionnant de **céramiques★★**, terres cuites, grès et porcelaines chinoises réunis par le collectionneur António Sagape. Remarquez aussi la panoplie d'objets utilisés par les fumeurs d'opium, ainsi que les étonnantes œuvres d'art chinoises adaptées aux canons occidentaux : laques, éventails, peintures, plats et objets en ivoire. Également une importante collection de monnaies chinoises, de la préhistoire à nos jours. Le musée dispose en outre d'un auditorium et d'une salle polyvalente, d'une petite boutique, d'une cafétéria, ainsi que d'un jardin et d'une terrasse.

Avenida da Liberdade★ et Saldanha

Au nord de la Baixa s'étendent des quartiers modernes et résidentiels, quadrillés de larges avenues. Parmi elles, l'artère la plus majestueuse de Lisbonne, l'avenida da Liberdade. Au nord de cette avenue, de l'autre côté du parc Eduardo VII, ne manquez pas la magnifique fondation Gulbenkian, son musée et son centre d'art moderne.

▶**Accès :** M Parque, Marquês de Pombal, São Sebastião, Saldanha, Praça da Espanha.

Plan détachable DE2-5.

▶**Conseils :** Vous pouvez aussi rejoindre la fondation Gulbenkian à pied depuis la Baixa, en remontant l'avenida da Liberdade puis le parc Eduardo VII.

AVENIDA DA LIBERDADE★

DE4-5 Longue de 1300 m et large de 90 m, la plus majestueuse avenue de Lisbonne est un axe central donnant accès aux quartiers d'affaires du nord. Agréable à la promenade, son esplanade centrale est ombragée, agrémentée de petits jardins. Les trottoirs sont couverts de mosaïques de calcaire et de basalte, bordés d'immeubles de la fin du 19e s. et de constructions plus récentes abritant hôtels, agences de voyages, boutiques de luxe, etc. L'avenida da Liberdade est limitée au nord par la **praça do Marquês de Pombal**, surnommée « Rotunda » par les Lisboètes, centre névralgique de Lisbonne où convergent les grandes avenues. Au milieu, un monument est érigé à la gloire du marquis de Pombal.

CASA-MUSEU MEDEIROS E ALMEIDA

(Musée Medeiros-e-Almeida)

D4 *Rua Rosa Araújo, 41 - M Marquês de Pombal - ✆ 213 547 892 - www.casa-museumedeirosealmeida.pt - lun.-vend. 13h-17h30, sam. 10h-17h30 - fermé j. fériés. - 5 €, gratuit sam. 10h-13h - visite guidée en français (sur réserv.) 6 €.*

Ce petit manoir (1896) abrite une importante collection d'**arts décoratifs**, constituée par l'homme d'affaires Medeiros e Almeida. Des vingt-cinq salles d'exposition, trois sont consacrées à l'argenterie, aux porcelaines chinoises

Parque Eduardo VII.

« Mister five percent »
« Monsieur 5 % ». C'est ainsi que l'on surnommait Calouste Gulbenkian, en référence au pourcentage qu'il prenait sur les bénéfices de l'Irak Petroleum Company. Cet Arménien né à Istanbul en 1869, collectionneur dans l'âme, avait commencé dès l'adolescence à acheter des pièces de monnaie anciennes avec son argent de poche. Son immense fortune, alliée à un œil averti pour les belles choses, lui permit d'amasser un nombre incalculable d'œuvres d'art. Pour choisir ses trésors, le magnat du pétrole n'avait qu'une seule devise : « Seul le meilleur est bon pour moi. » En 1942, pendant la Seconde Guerre mondiale, il trouve refuge à Lisbonne. À sa mort, en 1955, il lègue au Portugal une grande partie de son héritage afin de permettre la création de la fondation qui porte son nom.

et à l'**horlogerie**. Les autres pièces sont richement ornées de mobilier français ou indo-portugais, peintures, tapisseries, azulejos... La fondation organise aussi des expositions temporaires.
Si vous êtes dans le quartier, profitez-en pour faire un tour à la **Cinémathèque portugaise** (*« Nos adresses/Faire une pause » p. 101*).

PARQUE EDUARDO VII★

D3-4 Cet élégant parc à la française couronne l'avenida da Liberdade, offrant une magnifique **perspective★** sur la Baixa et le Tage. Dans l'angle nord-ouest se trouvent trois serres (*213 882 278 - http://estufafria.cm-lisboa.pt - de fin mars. à fin oct. : 10h-19h ; reste de l'année : 9h-17h - fermé j. fériés - 3,10 €*) où s'épanouissent les plantes exotiques. Dans la **serre froide★★** *(estufa fria)*, très agréable en été, la brise circule à travers une toiture japonaise en bois. Plus petite, la **serre chaude** *(estufa quente)* présente des plantes semi-tropicales dans leur climat d'origine.

CASA-MUSEU ANASTÁCIO GONÇALVES

(Musée Anastácio-Gonçalves)
E3 *Avenida 5 de Outubro, 6-8 - M Saldanha ou Picoas - 213 540 823 - blogdacmag.blogspot.com- mar.-dim. 10h-18h - fermé j. fériés - visites guidées en français (réserv. conseillée) - 3 €, gratuit 1er dim. du mois.*
Ce musée est installé dans deux villas ayant appartenu au docteur Anastácio Gonçalves, grand amateur d'art et ami de Gulbenkian. L'endroit accueille des expositions temporaires et une collection permanente constituée de porcelaines de Chine anciennes, de mobilier, de textiles et de joaillerie.

FUNDAÇÃO CALOUSTE GULBENKIAN

D2 *Avenida de Berna, 45 (au nord du parc Eduardo VII) - M São Sebastião, Praça da Espanha.*
Grand pôle d'attraction culturel de la capitale, entourée de beaux jardins paysagers, cette fondation comprend le musée Gulbenkian,

le Centre d'art moderne, quatre amphithéâtres polyvalents dont un en plein air, une zone de congrès, deux grandes galeries d'expositions et une bibliothèque d'art (170 000 volumes).
Créée en 1956, l'institution privée distribue également de nombreuses bourses à de jeunes artistes, finance des recherches scientifiques et organise des expositions, des spectacles de danse et des concerts de très grande qualité *(programme sur place ou sur www.musica.gulbenkian.pt)*. Elle possède deux délégations, à Londres et à Paris.

MUSEU GULBENKIAN★★★

(Musée Gulbenkian)
D2 *✆ 217 823 000 - www.museu.gulbenkian.pt - 10h-18h (dernière entrée 30mn avant fermeture) - fermé mar. et j. fériés - 5 €, billet combiné avec le Centre d'art moderne José-de-Azeredo-Perdigão 8 €, gratuit dim. et 18 mai - audioguide en français 4 €.*
Les quelque 6 000 œuvres léguées par Calouste Gulbenkian (*encadré ci-contre*) sont réparties en deux sections : **antiquités égyptiennes et gréco-romaines**, **art islamique et oriental** d'un côté ; **art européen** de l'autre. De la première section, on retiendra surtout un ensemble remarquable de céramiques et de **tapis persans** des 16e et 17e s. La partie européenne comprend des manuscrits médiévaux enluminés, des meubles, tapisseries, sculptures et peintures des 15e-19e s.
Le goût éclectique, mais toujours raffiné, de Gulbenkian s'affirme dans son choix d'œuvres issues des écoles flamandes et hollandaises (Rembrandt, Rubens), italiennes (Ghirlandaio, Guardi), anglaises (Gainsborough, Turner), ainsi que de toiles **impressionnistes**★★ (*Autoportrait* de Degas ; *La Bulle de savon* de Manet). La dernière salle réunit une collection époustouflante de **bijoux et pâtes de verre**★★★ Art nouveau de **René Lalique**, ami de Calouste Gulbenkian.

CENTRO DE ARTE MODERNA JOSÉ DE AZEREDO PERDIGÃO★★

(Centre d'art moderne)
D2 *Rua Dr Nicolau de Bettencourt - ✆ 217 823 474 - www.camjap.gulbenkian.pt - 10h-17h45 - fermé mar. et j. fériés. - 5 €, billet combiné avec le musée Gulbenkian 8 €, gratuit dim.*
Les fenêtres s'ouvrent sur le jardin, et la végétation semble incorporée aux volumes de ce bâtiment dessiné en 1983 par l'architecte Leslie Martin. Le centre abrite une collection très importante d'art moderne (depuis 1910) et contemporain portugais, avec notamment les œuvres des peintres Amadeo de Souza-Cardoso, Eduardo Viana, José de Almada Negreiros, Maria Helena Vieira da Silva, Júlio Pomar. Le manque d'espace et l'organisation d'expositions temporaires imposent un roulement dans la présentation des toiles.
Les **jardins**★ sont agrémentés de sculptures, dont *La Femme allongée* de Henry Moore.

Campo Pequeno et Campo Grande

Au nord de la Baixa, ces deux quartiers d'affaires concentrent les bureaux, les sièges d'entreprises et... une importante circulation ! Si la promenade n'y est guère passionnante, la zone est incontournable pour les fans de tauromachie (les arènes de Campo Pequeno), les passionnés de Lisbonne (le musée de la Ville) et de faïence (le musée Rafael-Bordalo-Pinheiro).

▶**Accès :** Ⓜ Campo Pequeno, Campo Grande.
Plan d'agglomération** **p. 14-15 (CN). Plan détachable EF1.
▶**Conseils :** En saison (Pâques à fin septembre), les amateurs ne manqueront pas d'assister à une *tourada* (sans mise à mort) dans les arènes.

PRAÇA DE TOUROS

E1 *Avenida da República - Ⓜ Campo Pequeno.*
Les **arènes** du Campo Pequeno, habillées de brique rouge, furent bâties au début des années 1890 dans un style néomauresque (dômes à bulbe, arcs outrepassés et croissants de lune). De Pâques à fin septembre, elles accueillent régulièrement des *touradas* (*p. 150*). Face aux arènes, la **bibliothèque municipale** est installée dans le palais Galveias du 16e s.

MUSEU DE LISBOA

(Musée de Lisbonne)
Campo Grande, 245 - Ⓜ Campo Grande - ✆ 217 513 200 - www.museudelisboa.pt - mar.-dim. 10h-13h, 14h-18h - fermé j. fériés - gratuit.
En haut du jardim do Campo Grande, au voisinage fâcheux d'un échangeur autoroutier, le musée de la ville de Lisbonne occupe le **Palácio Pimenta**, élégant édifice construit au 18e s. L'histoire de Lisbonne est évoquée par des vestiges romains, wisigothiques, arabes et médiévaux. Une maquette reconstitue Lisbonne au début du 18e s. avant le tremblement de terre. Des azulejos figurent le terreiro do Paço avant la disparition du palais royal. Également des faïences et des gravures représentant Lisbonne.

MUSEU BORDALO PINHEIRO

Campo Grande, 382 - Ⓜ Campo Grande - ✆ 218 170 667 - http://museubordalopinheiro.cm-lisboa.pt - mar.-sam. 10h-18h, fermé j. fériés - 1,50 €, gratuit le dim. 10h-14h.
Située de l'autre côté du Campo Grande, cette maison rassemble dessins, caricatures et **faïences**★ de Rafael Bordalo Pinheiro (1846-1905), artiste prolifique qui, avec son frère, fut très présent dans la vie artistique de la fin du 19e s.

Paço do Lumiar

Dans le vaste jardin botanique de la Quinta de Monteiro-Mor, que longe l'estrada do Lumiar bordée de belles propriétés, deux palais ont été aménagés. L'un abrite le musée du Costume et de la Mode, l'autre le musée du Théâtre.

▶**Accès :** M Lumiar.

Plan d'agglomération** **p. 14-15 (BN, hors plan).

▶**Conseils :** Avec ses espèces exotiques et son côté sauvage, le jardin botanique de Monteiro-Mor est un lieu agréable pour pique-niquer.

MUSEU NACIONAL DO TRAJE E DA MODA★

(Musée national du Costume et de la Mode)

Largo Júlio de Castilho Lumiar - M Lumiar (depuis la station, prendre l'estrada do Torre, puis à droite la rua do Lumiar ; tourner à gauche, et franchir le large bd vers la gauche) - ✆ 217 567 620 - http://museudotraje.imc-ip.pt - mar.-14h-18h, merc.-dim. 10h-18h (dernière entrée 17h30) - fermé j. fériés. - 4 €, 6 € billet combiné avec le Museu Nac. do Teatro et le jardim de Monteiro-Mor, gratuit 1er dim. du mois.

L'élégant palais des marquis de Angeja renferme plus de 7000 costumes. Les collections, très bien présentées, font revivre une époque, une ville, une profession... Près du musée, un pavillon sert de cadre à un agréable restaurant (*« Nos adresses/ Se restaurer », p. 96*).

MUSEU NACIONAL DO TEATRO

(Musée national du Théâtre)

Estrada do Lumiar, 10 (en sortant du Museu Nac. do Traje e da Moda, prendre à droite la rua do Alqueidão) - ✆ 217 567 418 - museudoteatro.imc-ip.pt - mar.-dim. 10h-18h - fermé j. fériés. - 4 €, 6 € billet combiné avec le Museu Nac. do Traje e da Moda et le jardim de Monteiro-Mor, gratuit 1er dim. du mois.

Dans le palais de Monteiro-Mor sont exposés des costumes de scène, maquettes de décor, photos et documents ayant trait au théâtre et aux arts du spectacle, du 18e s. à nos jours. Expositions temporaires. Bibliothèque spécialisée.

JARDIM BOTÂNICO DE MONTEIRO-MOR

✆ 217 590 318 - mar. 14h-18h, merc.-dim. 10h-18h - fermé 1er janv., dim. de Pâques, 1er mai et 25 déc. - 3 €, 6 € le billet combiné avec le Museu Nac. do Traje e da Moda et le Museu Nac. do Teatro, gratuit 1er dim. du mois.

En contrebas du palais, ce jardin séduit par la variété des espèces exotiques, ses bassins et son côté sauvage accentué par les reliefs. Un jardin de sculptures accueille les créations de quatre artistes contemporains.

Autour de Benfica

Le club de foot qui a donné son nom au quartier – le Benfica – est aujourd'hui bien plus célèbre. Pourtant, caché au milieu des cités-dortoirs, le palais des marquis de Fronteira est l'une des perles de Lisbonne. L'occasion d'une échappée hors du centre, agrémentée par la présence de deux immenses parcs, le Parque Florestal de Monsanto et le jardin zoologique.

▶**Accès :** M Jardim Zoológico, Alto dos Moinhos.
Plan d'agglomération p. 14-15 (AB NP). Plan détachable AB 1-5.
▶**Conseils :** Le parc de Monsanto est immense. Le mieux est d'y aller en voiture.

PALÁCIO DOS MARQUESES DE FRONTEIRA★★★

(Palais des marquis de Fronteira)
A2 *Largo São Domingos de Benfica, 1 - M Jardim Zoológico : longer le zoo à gauche de l'entrée, prendre l'estrada de Benfica, puis la rua das Furnas et la passerelle sur la voie ferrée (15-20mn à pied) - ✆ 217 782 023 - www.fronteira-alorna.pt - visite guidée (45mn) juin-sept. : lun.-sam. 10h30, 11h, 11h30 et 12h ; oct.-mai : lun.-sam. 11h et 12h - visite libre des jardins lun.-vend. 10h-17h, sam. 10h-13h - fermé j. fériés - 7,50 € (jardin 3 €).* Palais d'influence italienne bâti en 1670 par le premier marquis de Fronteira, il est l'un des plus beaux exemples d'architecture aristocratique portugaise, remarquable par la qualité extraordinaire des **azulejos**★★★ du 17e s. qui parent ses salles et ses jardins.

PARQUE FLORESTAL DE MONSANTO★

A1-5 *✆ 218 170 200 - BUS 711, 724, 729, 770 - entrée gratuite 24h/24.*
Poumon vert de Lisbonne, ce parc de 900 ha est sillonné de parcours récréatifs offrant des **vues**★ panoramiques sur la ville, comme depuis le belvédère de Monsanto.

JARDIM ZOOLÓGICO★★

B1 *Estrada de Benfica, 158 - ✆ 217 232 900 - www.zoo.pt - avr.-sept. : 10h-20h ; oct.-mars : 10h-18h (dernière entrée 1h15 av. fermeture ; 45mn en oct.-mars) - 19 €.* Ce très beau site est aménagé sur les 26 ha du parc das Laranjeiras, accueillant 2 500 animaux, dont de nombreuses espèces exotiques. **Delphinarium** visible durant les spectacles.

MUSEU DA MÚSICA★

M Alto dos Moinhos - ✆ 217 710 990 - www.museudamusica.imc-ip.pt - mar.-sam. 10h-18h - fermé j. fériés. - 3 €.
À l'intérieur de la station de métro Alto dos Moinhos, ce musée, équipé de bornes interactives, présente une importante collection d'instruments et de publications sur la musique du 16e au 20e s.

Jardins du Palácio dos Marqueses de Fronteira.

RHETORICA

Le Grand Lisbonne

Les multiples attraits de Lisbonne ne doivent pas faire oublier les atouts des quartiers périphériques. En premier lieu l'incontournable « Versailles lusitanien », le palais national de Queluz, au charme très 18ᵉ s. à Almada, les restaurants de fruits de mer attirent tout autant les foules que le « Christ Rédempteur », célèbre réplique de celui de Rio de Janeiro.

▶**Accès :** Queluz : trains ttes les 20mn au dép. des gares du Rossio et d'Oriente (ligne de Sintra; descendre à la station Queluz-Belas puis 15mn à pied ou bus nº 25). Almada : BUS 753 depuis Marquês de Pombal. Pour Cacilhas : accès en ferry depuis les stations fluviales de Cais do Sodré ou Terreiro do Paço.

Plan des environs de Lisbonne p. 81.

▶**Conseils :** En saison, ne manquez pas les spectacles équestres qui se déroulent dans les jardins du palais national de Queluz, organisés par une école fondée au 18ᵉ s., et perpétuant la grande tradition de l'art équestre portugais.

PALÁCIO NACIONAL DE QUELUZ★★

(Palais national de Queluz)

5 km au nord-ouest de Lisbonne - ☎ 219 23 73 00 - www.parquesdesintra.pt - du 23 mars au 25 oct. : 9h-19h; du 26 oct. au 22 mars : 9h-17h (dernière entrée 1h avant fermeture) - fermé j. fériés - 10 € (8 € 15h30-18h; jardin seult : 5 €) - visite guidée sur RV 5 € en sus.

Le palais national de Queluz plonge le visiteur au cœur du 18ᵉ s. Dans ses jardins à la française ornés de bassins et de statues, sur lesquels donnent des façades rococo de couleurs pastel et percées de nombreuses ouvertures, on s'attendrait à assister à l'une de ces fêtes galantes peintes par Watteau. Bien qu'inspiré par le château de Versailles, ses proportions le rendent intime. Lors de la visite, on parcourt une suite de salons décorés de meubles et objets rappelant que le palais national est aussi un musée des Arts décoratifs.

La salle du Trône★ – Somptueuse, elle évoque la galerie des Glaces de Versailles avec ses fausses portes garnies de miroirs; des cariatides supportent le plafond à calotte représentant des allégories, d'où pendent de magnifiques lustres en cristal de Venise. Admirez aussi les plafonds de la salle de musique et des chambres des princesses. La salle des Azulejos doit son nom aux magnifiques azulejos polychromes du 18ᵉ s. évoquant des paysages de Chine et du Brésil.

La salle des Ambassadeurs – Décorée de marbre et de glaces, elle possède un plafond peint où figurent un concert de musique à la cour du roi Joseph et divers motifs mythologiques. Après avoir traversé la salle des Goûters, garnie de bois

doré et de tableaux du 18e s. évoquant des pique-niques royaux, on pénètre dans la **salle de Don Quichotte**, dans laquelle huit colonnes soutiennent un plafond circulaire ; des peintures illustrent des scènes de la vie du héros de Cervantès. Le boudoir de la Reine affiche un style rocaille français.

Les jardins – Conçus par Robillon dans le style de Le Nôtre, ils sont égayés de buis taillés, de cyprès, de statues et de massifs de fleurs qui s'ordonnent autour de pièces d'eau. Du bassin des Néréides, jolie vue sur le bassin de Neptune et la façade de cérémonie refaite par Robillon dans le style de Gabriel. Le parc à l'italienne en contrebas séduit par ses étangs, ses cascades, ses tonnelles de verdure, ses murs couverts de bougainvilliers. Le **Grand Canal** est bordé de murs recouverts d'azulejos du 18e s. représentant des ports fluviaux et maritimes. La famille royale se promenait en barque sur la rivière Jamor, souvent réduite à un filet d'eau. Admirez la façade du pavillon Robillon, précédée du magnifique **escalier des Lions★**, et la colonnade qui le prolonge.

Spectacles équestres dans les jardins – *Mai-juil., sept.-oct. : merc. 11h - rens. ✆ 219 23 73 00.* L'Escola Portuguesa de Arte Equestre maintient, dans le cadre prestigieux des jardins, la grande tradition de l'art équestre portugais, avec en particulier des pur-sang de race lusitanienne. Elle a été fondée au 18e s. par le roi Jean V.

JoseIgnacioSoto/iStock

Palais national de Queluz.

ALMADA

3,5 km au sud de Lisbonne.

La commune d'Almada est fréquentée par les Lisboètes pour ses nombreux restaurants spécialisés dans les poissons et les fruits de mer.

Cristo Rei★★ – BUS *101 depuis le débarcadère de Cacilhas - ✆ 212 751 000 - www.cristorei.pt - accès par ascenseur, plus 74 marches - été : 9h30-19h ; hiver : 9h30-18h15 (dernière montée 15mn av. fermeture) - 5 €.* La statue géante du Christ-Roi, réplique réduite du Christ Rédempteur de Rio de Janeiro, fut érigée en 1959 pour remercier Dieu d'avoir épargné le Portugal pendant la Seconde Guerre mondiale. Du piédestal qui, à 85 m du sol et à 113 m au-dessus du Tage, supporte la statue haute de 28 m, **panorama★★** sur l'estuaire du Tage, Lisbonne et, vers le sud, sur la plaine jusqu'à Setúbal.

Cacilhas – Du débarcadère de Cacilhas, longez les quais (Cais do Gingal) sur la droite (vers l'ouest, en aval du fleuve) sur 1 km jusqu'aux restaurants (*« Nos adresses/Se restaurer », p. 96*).

Un peu plus loin au pied de la falaise, l'elevador panorâmico da Boca do Vento permet d'accéder au **Castelo de Almada** et à la **Casa da Cerca** (*✆ 212 724 950 - mar.-vend. 10h-18h, w.-end. 13h-18h - gratuit*), une demeure du 18e s. qui accueille des expositions d'art contemporain. Une belle terrasse surplombe le Tage.

De Cacilhas, le bus 124 peut vous conduire à la plage de Costa da Caparica (*p. 87*).

Escapade à Sintra★★★

De luxuriants jardins à la flore tropicale, des palais de contes de fées, des manoirs cossus et des « quintas » élégantes dissimulées dans la forêt qui escalade les hauteurs : Sintra semble sortir du chapeau d'un magicien... L'ensemble de la montagne a été classé par l'Unesco au Patrimoine mondial de l'humanité : la richesse de son écosystème, l'important magnétisme naturel du lieu (le massif recèle d'énormes masses de fer) et le brumeux voile de romantisme qui s'en dégage font de cette forêt un lieu exceptionnel. Maintes fois célébrée par les poètes, Sintra fut pendant six siècles la résidence préférée des souverains et des élites aristocratiques ou bourgeoises. Dans les salons de thé de la vieille ville, n'oubliez pas de goûter aux « queijadas », de délicieuses tartelettes dont Sintra cultive la spécialité.

▶**Accès :** De la gare du Rossio à Lisbonne, train ttes les 10mn env. Trajet : 35mn *(4,30 € AR).*

Plan des environs de Lisbonne** **p. 81.

▶**Conseils :** Évitez les week-ends en été. Le bus 434 (arrêts à la gare et devant l'office de tourisme) dessert les hauteurs de la serra (Castelo dos Mouros et Parque da Pena) : pour vous épargner une rude ascension, achetez le billet circulaire *Circuito da Pena* (www.scotturb.com - 5 € - possibilité de descendre et remonter à tout moment).

PALÁCIO NACIONAL★★

Praça da República - ✆ 219 237 300 - www.parquesdesintra.pt - tlj 9h30-19h (dernière entrée 18h30) - fermé j. fériés et durant les cérémonies officielles -9 €.

Le palais national doit sa structure hétéroclite aux différentes adjonctions faites au cours des temps. Le bâtiment central a été érigé par le roi Jean Ier (fin 14e s.) ; les ailes sont l'œuvre du roi Manuel Ier (début 16e s.). Outre les deux hautes cheminées coniques qui dominent le palais, les fenêtres géminées mauresques *(ajimeces)* et manuélines sont les éléments les plus marquants de l'extérieur.

L'intérieur se distingue par sa remarquable décoration d'**azulejos**★★ des 15e et 16e s. (salle des Arabes, chapelle et salle des Sirènes). N'oubliez pas de lever les yeux sur le **plafond**★★ de la salle des Armoiries, dont les caissons sont peints des blasons de 72 familles nobles portugaises du début du 16e s.

CASTELO DOS MOUROS★

(Château des Maures)

Estrada da Pena - 20mn à pied AR depuis la billetterie - ✆ 219 237

300 - du 23 mars au 24 oct. : 9h30-20h ; du 25 oct. au 22 mars : 10h-18h (dernière entrée 1h av. fermeture) - fermé 1er janv. et 25 déc. - 8 €, visite guidée sur RV 5 € en sus.
Édifié sur une butte rocheuse au 8e ou 9e s., ce château ne comporte plus qu'une enceinte crénelée épousant les escarpements du sommet et jalonnée par quatre tours carrées, ainsi que les ruines d'une chapelle romane.
De la Tour royale, jolie vue sur Sintra, la côte Atlantique et le palais da Pena.

PARQUE DA PENA★★

Estrada da Pena - ✆ 219 237 300 - du 23 mars au 24 oct. : 9h30-20h ; du 25 oct. au 22 mars : 10h-18h (dernière entrée 1h av. fermeture) - service de minibus à l'intérieur du parc (2 €) - fermé 1er janv. et 25 déc. - 7,50 €, visite guidée sur RV 5 € en sus.
Au sud de Sintra, ce parc enchanteur ceinturé d'un grand mur couvre une superficie de 200 ha sur les pentes granitiques de la serra de Sintra. Planté d'essences rares, tant nordiques que tropicales, il est agrémenté d'un grand nombre de pièces d'eau et de fontaines.
Une route pédestre permet d'accéder à la **Cruz Alta**★★. Ce sommet, surmonté d'une croix, offre un immense **panorama** sur l'ensemble du massif (excepté Sintra) et la plaine environnante, jusqu'à Lisbonne au sud *(derrière le palais da Pena)*.

R. Mattes/hemis.fr

L'extravagant Palácio nacional da Pena, à Sintra.

En lisière du parc, le **chalet de la comtesse d'Edla** *(mêmes horaires ; 9,50 €, parc inclus)* est une pittoresque construction en bois à encadrements de liège élevée dans les années 1860. Élise Hensler (1836-1929), cantatrice devenue comtesse d'Edla et seconde épouse de Ferdinand II, y profitait de la quiétude des lieux et des jardins plantés de camélias et de rhododendrons.

PALÁCIO NACIONAL DA PENA★★

Estrada da Pena - ✆ 219 237 300 - du 23 mars au 24 oct. : 9h45-19h ; du 25 oct. au 22 mars : 10h-18h - dernière entrée 1h av. fermeture - fermé j. fériés - 14 € (parc et terrasses inclus), visite guidée sur RV 5 € en sus.
Perché sur l'un des points culminants de la *serra*, cette fantaisie romantique fut construite au milieu du 19e s. par le roi Ferdinand II sur le site d'un ancien couvent de hiéronymites datant du 16e s. L'extravagance du palais évoque certains châteaux de Louis II de Bavière, bien qu'il les ait précédés de trente ans. C'est un pastiche où les styles « néo » se côtoient avec plus ou moins de bonheur : maure, gothique, manuélin, Renaissance, baroque. Les couleurs vives de ses murs accentuent son originalité.

QUINTA DA REGALEIRA★★

Rua Barbosa du Bocage (N375), à 800 m à l'ouest du centre-ville - ✆ 219 10 66 50 - www.regaleira.pt - avr.-sept. : 10h-20h (dernière entrée 19h) ; fév., mars, oct. : 10h-18h30 ; nov.-janv. : 10h-17h30 (dernière entrée 30mn av. fermeture) - fermé 24 et 25 déc. - 6 € (visite guidée sur RV - 10 €).
Sur le site d'une ancienne *quinta* de la fin du 17e s., **Carvalho Monteiro** (1848-1920), riche homme d'affaires, adepte d'ésotérisme et de franc-maçonnerie, fit édifier au début du 20e s. cet ensemble fascinant de constructions dans un mélange de styles, notamment gothique, Renaissance et manuélin.
Enchâssé dans la serra de Sintra, le domaine offre un parcours ésotérique initiatique et un symbolisme complexe lié aux Templiers, à l'alchimie, au christianisme, à la mythologie portugaise et gréco-romaine, etc.

PARQUE E PALÁCIO DE MONSERRATE★

Estrada de Monserrate (N375), à 2,7 km à l'ouest de la quinta da Regaleira (accès par bus 435) – ✆ 219 237 300 - du 23 mars au 24 oct. : tlj 9h30-20h ; du 25 oct. au 22 mars : tlj 10h-18h (dernière entrée 1h av. fermeture) - 8 €, visite guidée sur RV 5 € en sus.
Le vaste **parc**★ à l'anglaise, planté d'essences variées, entoure un palais néo-oriental élevé au 19e s. par un riche Anglais. L'escalier et le corridor central aboutissant à la salle de musique ont retrouvé leur fascinant décor stuqué. Les cuisines, sous la rotonde, forment un contraste étonnant par leur relative modernité.

Les plages

Depuis le 18e s., la côte attire les amateurs de villégiature grâce à la douceur de son climat. Apprécié pour ses eaux thermales, Estoril était, dans les années 1930, le rendez-vous des millionnaires et des rois en exil. En 1870, la famille royale portugaise fit du village de pêcheurs de Cascais le lieu de ses séjours estivaux. Ces deux stations balnéaires, ainsi que les autres plages de la Riviera lisboète, offrent une escapade plaisante, qui s'achève au bout du monde occidental. L'ambiance est beaucoup plus populaire de l'autre côté de l'estuaire, où l'interminable plage de sable fin de Costa da Caparica attire surfeurs et baigneurs.

▶**Accès :** De la gare de Cais do Sodré, à Lisbonne, liaisons ttes les 10mn de 5h30 à 1h30 (30 à 40mn de trajet) pour Oeiras, Carcavelos, Estoril et Cascais. Pour rallier Praia do Guincho, louer un vélo à Cascais. Pour Costa da Caparica, prendre le bus n° 153 praça da Espanha ou traverser l'estuaire jusqu'à Cacilhas (*p. 82*), puis prendre le bus n° 124 ; un petit train, le Transpraia *(ttes les 30mn de 9h à 20h en saison ; 4 € AR)*, dessert les plages du littoral de Costa da Caparica.

Plan des environs de Lisbonne p. 81.

▶**Conseils :** Pendant la saison estivale, évitez de vous y rendre le week-end.

PRAIA DA TORRE

La plage proche d'Oeiras, dominée par la grande forteresse São Julião da Torre, est heureusement située à l'écart du bruyant axe rapide qui longe le littoral. Très fréquentée, elle possède une piscine d'eau de mer et offre de nombreuses possibilités en termes de sports nautiques.

PRAIA DE CARCAVELOS

Voici la plus grande, sinon la plus belle plage de la côte dite des « deux printemps », ainsi nommée parce que les plantes y fleurissent deux fois l'an. Il y a foule à Carcavelos le week-end, ainsi que le jeudi matin, jour de la feira do Levante, grand marché aux fripes en plein air.

ESTORIL★

Naguère modeste village connu pour ses eaux thermales, rendez-vous des millionnaires et des rois en exil, Estoril est devenu une banlieue résidentielle de Lisbonne. Plaque tournante de l'espionnage et de la diplomatie secrète pendant la Seconde Guerre mondiale, la ville a conservé l'atmosphère cosmopolite et sophistiquée de cette époque. Le site est agréable avec ses plages de sable fin et la vue sur la baie de Cascais, son parc aux essences exotiques, ses somptueuses villas, ses avenues bordées de palmiers. Des distractions (un golf, le plus grand casino d'Europe), des compétitions sportives (courses automobiles, régates, concours hippiques) et des festivités (Fêtes de la mer en juillet) attirent une clientèle internationale.

CASCAIS★

La vocation touristique de ce port de pêche débuta en 1870 lorsque, pour la première fois, la Cour vint y passer l'été, entraînant à sa suite une tradition d'élégance et tout un monde d'architectes.
Après la baignade à la petite praia da Rainha, visitez le **fort de Nossa Senhora da Luz**, qui domine le port de plaisance au sud-ouest. Son origine remonte à la fin du 15e s. Depuis sa rénovation, il accueille un hôtel de luxe, plusieurs restaurants chics et des galeries d'art contemporain. À côté, le **palais royal**, ou palácio da Cidadela *(Av. D. Carlos - visite guidée merc.-vend. 14h-18h, sam.-dim. 14h-20h - 4 €)*, résidence d'été des rois après 1870 et des présidents de la République jusqu'à la dictature, possède sa chapelle, des salles d'apparat et un salon arabe.
Ne pas manquer le proche **palácio Condes de Castro Guimarães** *(mar.-dim. 10h-13h, 14h-17h - 3 €)*, palais fantasque (19e s.) abritant des œuvres d'art variées.
En traversant le parc Carmona, les amateurs d'art contemporain visiteront la **Casa das historias Paula Rego** *(Av. da República, 300 - ✆ 214 826 970 - www.casadashistoriaspaularego.com - mar.-dim. 10h18h, 19h en été - 3 €)*, abritant des œuvres de l'artiste de renommée internationale Paula Rego (née en 1935).

BOCA DO INFERNO★

Une maison, un café et quelques pins marquent l'emplacement de ce gouffre mugissant.

PRAIA DO GUINCHO★

De grandes dunes et un fortin bordent cette immense plage, la plus belle et la plus sauvage de la Riviera. Le long du littoral souvent venteux, très fréquenté par les surfeurs, s'alignent de luxueux restaurants à poissons.

CABO DA ROCA★

Cette falaise « où la terre finit et la mer commence » (Camões) constitue la pointe la plus occidentale du continent européen. La serra de Sintra se termine ici par une falaise abrupte de près de 140 m.

COSTA DA CAPARICA

Du côté sud de l'estuaire, cette station balnéaire moderne et sans charme particulier attire l'été nombre de Lisboètes, qui viennent profiter d'un cordon de sable fin s'étirant sur une dizaine de kilomètres. Les plages bordées de dunes deviennent de plus en plus sauvages en s'éloignant vers le sud. Toutes ou presque possèdent leur restaurant et leur loueur de matériel de surf.

MINERVA

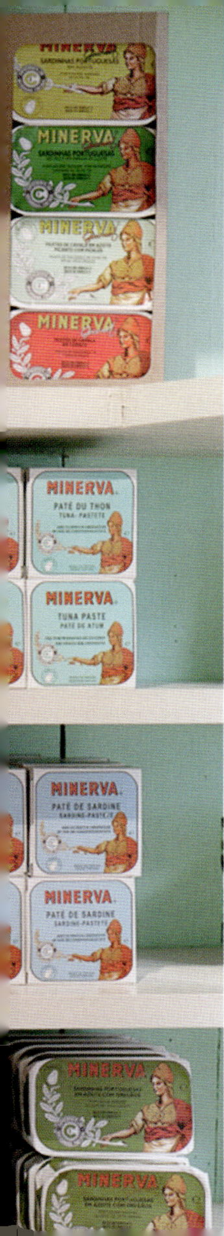

Nos adresses

Conserves de poisson, dans la boutique A Vida Portuguesa.
Pedro Guimarães/A Vida Portuguesa

Se restaurer

Honneur au pays, la plupart des restaurants *(restaurantes)* proposent une cuisine portugaise. Il est très courant à Lisbonne de manger au **comptoir**, dans les *tasquinhas* (gargotes) comme dans certains restaurants plus haut de gamme. **Cafés** et **pâtisseries** disposent presque toujours de places assises et font également office de salon de thé, permettant de se rassasier pour quelques euros avec des collations consistantes (beignets de morue, feuilletés, etc.). Héritage colonial, vous trouverez à Lisbonne des restaurants de cuisine étrangère : brésilienne, cap-verdienne, goanaise, chinoise de Macau, etc. Un large éventail de saveurs exotiques !

« Prendre un verre » (certains cafés proposent des formules rapides) p. 97, la rubrique « Restauration » p. 124 et « Gastronomie » p. 152.

Repérez les adresses sur nos plans grâce aux pastilles numérotées (ex. 1). Les coordonnées en rouge (ex. C2) font référence au plan détachable (à l'intérieur de la couverture).

LA BAIXA ET LE ROSSIO

Plan de quartier p. 18

Moins de 20 €

20 **A Palmeira** – ***E6*** - *Rua do Crucifixo, 69 - M Baixa-Chiado - 213 428 372 - fermé sam.-dim. et j. fériés.* Restaurant traditionnel fréquenté le midi par les employés du coin qui viennent déguster des plats simples dans une salle voûtée, tapissée d'azulejos, et aérée par de gros ventilateurs. Service efficace. Important volume sonore et fumée de cigarettes à craindre.

De 20 à 25 €

21 **Casa do Alentejo** – ***E5*** - *Rua Portas de Santo Antão, 58 - M Restauradores - 213 405 140 - 12h-15h, 19h-22h30.* Dans un ancien palais tapissé d'azulejos (*p. 16*), spécialités de l'Alentejo et plats du jour, copieux et rustiques. Et le dimanche après-midi : bal avec orchestre !

Plus de 40 €

22 **Gambrinus** – ***E6*** - *Rua Portas de Santo Antão, 23-25 - M Restauradores - 213 421 466 - www.gambrinuslisboa.com - 12h30-1h30.* Dans un décor de bois sombre et de cuir brun, l'un des meilleurs restaurants de poisson de la ville, fondé en 1936. A conservé une salle fumeur.

L'ALFAMA

Plan de quartier p. 24-25

Moins de 20 €

36 **Zé da Mouraria** – ***F5*** - *Rua João de Outeiro, 24 - M Martim Moniz - 218 865 436 - 12h-16h (et 19h-21h vend. et sam.) - fermé dim.* Dans le dédale de la Mouraria, une cantine réservée aux initiés (sans enseigne !), prise d'assaut le midi par les employés du quartier. Authentique cuisine portugaise.

34 **Le Petit Café** – ***F6*** - *Largo de São Martinho, 6-7 - Tram 28E - ✆ 218 881 304 - 12h-16h, 19h30-23h sf lun. soir.* Petite terrasse très prisée, doublée d'une belle salle. Cuisine internationale, visant à séduire la clientèle touristique, sur le parcours du tram 28.

De 20 à 30 €

35 **Santo António de Alfama** – ***F6*** - *Beco de São Miguel, 7 - Tram 12, 28 - ✆ 218 881 328 - http://siteantonio.com - 12h30-2h - réserv. conseillée.* Adresse branchée de l'Alfama, avec une cuisine privilégiant les mélanges sucré-salé, les tapas et les salades. Charmante terrasse.

30 **Chapitô** – ***F6*** - *Rua Costa do Castelo, 7 - Tram 12E, 28E - ✆ 885 55 50 - www.chapito.org - 13h-2h.* À la fois école de cirque et association de lutte contre l'exclusion, ce lieu insolite avec vue sur le Tage compte un bar à tapas dans la cour et un restaurant à l'étage. Ambiance festive.

Plan détachable

Moins de 20 €

31 **Cerqueira** – ***E5*** - *Calçada de Santana 49 - M Martin Moniz - ✆ 218 860 402 - 12h-15h, 18h30-21h30 sf dim.* Une adresse familiale et conviviale loin des quartiers touristiques. Optez sans hésiter pour l'un des plats du jour, toujours servis copieusement.

MOURARIA, GRAÇA ET SANTA APOLÓNIA

Plan de quartier p. 35

Moins de 20 €

37 **Deli Delux** – ***G6*** - *Avenida Infante Dom Henrique, Armazém B, Loja 8 - M Santa Apolónia - ✆ 218 862 070 - www.delidelux.pt - lun.-vend. 12h-22h, sam.-dim. et j. fériés 10h-22h, jusqu'à 0h en été.* Cette épicerie fine au bord du Tage sert à toute heure une petite restauration de qualité. Brunch prisé le week-end.

De 20 à 30 €

38 **Santa Clara dos Cogumelos** – ***G5*** - *Campo de Santa Clara - M Santa Apolónia - ✆ 218 870 661 - www.santaclaradoscogumelos.com - mar. 12h30-16h, merc.-vend. 19h30-23h, sam. 12h30-15h30 et 19h30-23h.* Allez-y les mardis et samedis, jours du marché aux puces (*Feira da Ladra, voir p. 104*). Un poste d'observation parfait pour déguster de savoureux plats du jour.

De 30 à 40 €

55 **Bica do Sapato** – ***G6*** - *Avenida Infante Dom Henrique - Cais da Pedra - M Santa Apolónia - ✆ 218 810 320 - www.bicadosapato.com - tlj sf lun. midi 12h-1h.* Ouvert en face de la gare par Manuel Reis, figure de la scène lisboète, un restaurant de cuisine portugaise de grande qualité, et à l'étage, un sushi-bar *(lun.-sam. 19h30-1h)*. Cadre somptueux, rétro-futuriste, avec terrasse sur le Tage et cafétéria.

Plus de 40 €

39 **Via Graça** – ***F5*** - *Rua Damasceno Monteiro, 9-B - M Martim Moniz - ✆ 218 870 830 - www.restauranteviagraca.com - 12h30-15h, 19h30-23h, fermé sam. et dim. midis.* Perché sur la colline de Graça, un

panorama à couper le souffle et un décor raffiné. Cuisine sophistiquée de poissons, viandes et fruits de mer. Parfait pour dîner en tête à tête.

Plan détachable

Moins de 20 €

24 **Tentações de Goa** – **F6** - *Rua São Pedro Martyr, 23 - M Rossio - 218 875 824 - tlj sf dim., lun. midi et j. fériés.* Petit restaurant intime et coloré pour déguster des spécialités de l'Inde et de Goa, à commencer par un vaste choix de *carril* (curry de crabe, de crevettes, etc.). Accueil souriant et prévenant.

De 30 à 40 €

52 **Ramiro** – **F5** - *Avenida Almirante Reis, 1 - M Intendente ou Martim Moniz - 218 851 024 - www.cervejariaramiro.pt - tlj sf lun. 12h-0h30 - fermé en août.* Au pied de la colline de Graça, une institution lisboète depuis 1956, pour les amateurs de fruits de mer. Bon rapport qualité-prix.

LE CHIADO ET SANTA CATARINA

Plan de quartier **p. 42**

Moins de 20 €

29 **Oficina do Duque** – **E6** - *Calçada do Duque, 43 - M Baixa-Chiado - 917 229 466 - www.oficinadoduque.pt - 18h30-23h30 sf dim.* Petit restaurant jouant volontiers la carte du sucré-salé et des alliances inédites (couscous d'agneau et glace à la menthe ; salade laitue, fromage et fraises), qui étend sa terrasse à la belle saison sur les marches de la calçada. Bon accueil et ambiance conviviale.

De 20 à 30 €

63 **Coimbra Taberna** – **E7** - *Calçada São Francisco, 6 - M Terreiro do Paço - 213 460 128 - www.coimbrataberna.pt - 12h-15h, 19h-0h (vend.-sam. jusqu'à 2h), sf dim. et lun. soir.* Salle en sous-sol meublée de bois clair avec petite scène où se produisent des artistes de fado (à partir de 22 h). Bons petits plats bien présentés (magret de canard aux patates douces) et service très aimable.

23 **Café Buenos Aires** – **E6** - *Calçada do Duque, 31 - M Rossio - 213 420 739 - - tlj 18h-2h.* Chaleureux restaurant de spécialités argentines. Atmosphère un brin bohème et petite terrasse avec vue sur la ville.

LE BAIRRO ALTO

Plan de quartier **p. 42**

De 20 à 30 €

32 **A Cevicheria** – **D5** - *Rua Dom Pedro V, 129 - M Baixa-Chiado - 218 038 815 - 12h30-0h.* Une cuisine saine, originale et raffinée plébiscitée par la faune branchée de Principe Real. Il faudra arriver tôt pour avoir la chance de découvrir, sous le poulpe géant accroché au plafond, les saveurs inédites du chef Kiko !

26 **Chafariz do Vinho** – **D5** - *Rua da Mãe d'Agua, en contre-haut de la Praça da Alegria - M Avenida - 213 422 079 - www.chafarizdovinho.com - tlj sf lun. 18h-2h.* Immense citerne en pierre de taille reconvertie en bar à vins. La sélection des vins est de haute volée, la cuisine créative, la déco superbe.

RIBEIRA
SANTINI
CINCO

33 **Cervejaria do Bairro** – ***E6*** - *Rua do Norte, 86 - M Baixa-Chiado - 213 470 805 - 19h-1h, vend.-sam. 19h30-2h.* Un lieu récent au décor épuré, dédié aux produits de la mer. À la carte, crustacés et poissons avec pour la plupart un prix au poids. Produits frais, cuissons maîtrisées, accompagnements simples mais savoureux.

41 **The Decadente** – ***E6*** - *São Pedro de Alcântara, 81 - M Restauradores - 213 461 381 - http://thedecadente.pt - 12h-15h, 20h-23h (vend. 0h) ; sam. 12h30-0h ; dim. 12h-23h.* Le restaurant d'une auberge de jeunesse tendance. Plats d'inspiration portugaise bien préparés, à prix raisonnables, servis dans la salle au mobilier chiné ou dans la courette intérieure. Réservation conseillée.

De 30 à 40 €

27 **Pap'Açorda** – ***E6*** - *Rua da Atalaia, 57 - Tram 28E - 213 464 811 - mar.-sam. 20h-22h30.* Un grand classique lisboète chic et cher, où l'on va pour voir et être vu, mais aussi pour la gastronomie (avec pour spécialité les *açordas*, marmites de fruits de mer).

***Plan de quartier* p. 52**

De 30 à 40 €

28 **Real Fabrica** – ***D5*** - *Rua da Escola Politécnica, 275 - M Rato - 213 852 090 - www.realfabrica.pt - 12h-15h, 18h-23h sf dim.* Cette ancienne fabrique de soie a conservé ses murs de brique auxquels verre et acier ajoutent une touche de modernité. Le vivier et ses tourteaux vous accueillent à l'entrée de cette adresse spécialisée dans les fruits de mer et les poissons.

LE RATO ET LES AMOREIRAS

***Plan de quartier* p. 52**

De 20 à 30 €

44 **Casa dos Passarinhos** – ***C5*** - *Rua Silva Carvalho, 195 - M Rato - 213 882 346 - 12h-15h, 19h-22h30 sf dim. et en août.* Excellente petite *cantina* de quartier. Entre autres spécialités, une belle *massada de peixe* (soupe de pâtes et poissons frais).

ESTRELA, MADRAGOA ET LAPA

***Plan de quartier* p. 52**

Moins de 20 €

47 **Pão de Canela** – ***D6*** - *Praça das Flores, 25-29 - M Rato - 213 972 220 - www.paodecanela.com - 8h-21h30.* Restaurant-salon de thé avec terrasse donnant sur une charmante placette arborée. Petite restauration à toute heure : feuilletés, quiches, fruits... Parfait pour un brunch.

De 20 à 30 €

61 **Armazém da Cachaça** – ***C7*** - *Rua São João da Mata, 88-90 - Tram 25E - 213 965 264 - tlj sf dim. 20h-0h.* Dans un superbe magasin de céréales du 19e s., un brésilien plutôt haut de gamme : travers de porc au miel, plats mélangeant les saveurs tropicales, mangues, coco et délicieux cocktails à base de cachaça.

Plan détachable

Moins de 20 €

43 **Mercado de Campo de Ourique** – **C5** - *Rua Coelho da Rocha - Tram 25E, 28E - www.mercadodecampodeourique.pt - dim.-merc. 10h-23h, jeu. 10h-0h, vend.-sam. 10h-1h.* Un marché de 1934 récemment rénové, qui mêle étals traditionnels et restauration. Un concept identique à celui du Mercado da Ribeira (*ci-dessous*), mais ici à une échelle réduite, dans un quartier résidentiel à l'écart des circuits touristiques.

De 20 à 30 €

45 **Stop do Bairro** – **C5** - *Rua Tenente Ferreira Durão, 55-A - M Rato - 213 888 856 - 12h-16h, 19h-23h sf lun.* Dans le quartier de Campo de Ourique, hors des sentiers touristiques, une adresse d'habitués. Ambiance foot, cuisine portugaise classique.

LE LONG DU TAGE

Plans de quartier** **p. 42** et **p. 52

Moins de 20 €

48 **Mercado da Ribeira** – **E7** - *Avenida 24 de Julho - M Cais do Sodré - dim.-merc. 10h-0h, jeu.-sam. 10h-2h.* Un des lieux branchés du moment. Réhabilitée en 2014 par le magazine *Time Out*, la halle du 19e s. accueille des stands de cuisine portugaise et internationale, que l'on déguste autour de grandes tables communes. L'occasion de goûter les plats des chefs à la mode (Alexandre Silva, Marlene Vieira...), à petits prix. Également des bars et des commerces de bouche (*p. 107*).

De 20 à 30 €

50 **Station** – **E7** - *Cais do Gás, Armazém A, Porta 7 - M Cais do Sodré - 210 116 546 - www.station-club.com - mar.-jeu. 12h30-1h, vend.-sam. 12h30-4h, dim. 12h30-19h30.* Au bord du Tage, dans un des entrepôts de Cais do Sodré, une table qui fusionne produits portugais et recettes asiatiques, comme ce délicieux pavé de cabillaud au curry. Club à l'étage ouvert le vend. et sam. soir.

Plan détachable

De 20 à 30 €

49 **1300 Taberna** – **A8** - *Rua Rodrigues Faria, 103 (LX Factory) - Tram 15E, 18E - 213 649 170 - www.1300taberna.com - 12h30-15h, 20h-0h sf dim.-lun.* Cuisine inventive et originale à savourer dans une immense salle au décor mi-brocante, mi-industriel. Bon accueil et savoureux menu à 18 € le midi.

De 30 à 40 €

46 **Espaço Lisboa** – **B7** - *Rua da Cozinha Económica, 16 - Tram 15E - 213 610 210 - www.espacolisboa.pt - 19h30-0h.* Cuisine portugaise traditionnelle dans un espace immense au décor de place de village reconstituée.

PARQUE DAS NAÇÕES

Plan de quartier** **p. 59

De 20 à 30 €

56 **Senhor Peixe** – *Entre le pavillon de l'Atlantique et la tour Vasco-de-Gama - M Oriente - 218*

955 892 - 12h-15h30, 19h-22h30 sf lun.* Belle terrasse derrière le jardim Garcia de Horta. Poissons frais grillés et plats traditionnels.

BELÉM

***Plan de quartier** p. 64*

Moins de 20 €

40 **Floresta de Belém** – *Praça Afonso de Albuquerque, 1-A - Tram 15E - ☎ 213 636 307 - http://florestadebelem.com - 12h-17h, 19h-23h, sf dim. soir et lun.* À l'angle d'un parc où se bousculent les restaurants à terrasse, celui-ci est bon et pas cher. Au menu, les habituels poissons et viandes grillés.

42 **O Caseiro** – *Rua de Belém, 35 - Tram 15E - ☎ 213 638 803 - tlj 12h-15h, 19h-22h sf dim. - fermé en août.* Azulejos et nappes à carreaux pour le décor ; cuisine portugaise traditionnelle... une bonne table.

De 30 à 40 €

53 **Enoteca de Belém** – *Travessa Marta Pinto, 10 - Tram 15E - ☎ 213 631 511 - 13h-23h.* Cuisine portugaise modernisée et raffinée à déguster dans un cadre moderne et chic, très différent de celui des restaurants touristiques de Belém. Idéal pour faire connaissance avec les vins portugais et bons conseils du personnel.

CAMPO PEQUENO ET CAMPO GRANDE

Plan détachable

Moins de 20 €

51 **O Funil** – **D2** - *Avenida Elias Garcia, 82-A - M Campo Pequeno - ☎ 217 966 912 - www.ofunil.pt - 12h-15h, 19h30-23h sf dim. et j. fériés.* Une élégante maison, servant notamment une délicieuse morue gratinée au four. Bonne carte des vins.

PAÇO DO LUMIAR

Hors plan

Moins de 20 €

Restaurante Monteiro Mor – *Largo Julio Castilho (dans le Museu do Traje) - M Lumiar - ☎ 963 880 962 - www.restaurantemonteiromor.com - mar. 12h-18h, merc.-dim. 10h-18h.* Dans le jardin de Monteiro-Mor, pour un déjeuner romantique en terrasse ou en salle. Morue grillée maison.

AUX ALENTOURS

Hors plan

Pour vous rendre à Almada, prenez le bateau à Cais do Sodré ; à l'embarcadère, tournez tout de suite à droite et longez les quais jusqu'au bout (10mn de marche).

De 20 à 30 €

Ponto Final – *Cais do Ginjal, 72 (Almada) - ☎ 212 760 743 - ⊠ - 12h-23h sf dim. et mar. - fermé 1re quinz. de janv.* Au bout des quais, vue sur le pont du 25-Avril et Lisbonne, de Bélem à l'Alfama. On déjeune directement sur la jetée, au bord du Tage. Surtout pour le cadre.

Prendre un verre

Lisbonne est généreuse en cafés et bistrots. Traditionnels ou branchés, ils abondent dans chaque quartier, en particulier dans la **Baixa**, le **Rossio**, le **Chiado** et le **Bairro Alto**.

Repérez les adresses sur nos plans grâce aux pastilles numérotées (ex. 1). Les coordonnées en rouge (ex. E6) font référence au plan détachable (à l'intérieur de la couverture).

LA BAIXA ET LE ROSSIO

Plan de quartier p. 18

Café

1 **Café Nicola** – ***E6*** - *Praça Dom Pedro IV, 24 - M Rossio - 213 460 579 - 8h-0h.* Ancien repaire du poète Bocage, ce café Art déco qui fut un des hauts lieux de Lisbonne reste un classique, bien qu'assez touristique. Idéal pour un *bica* (expresso) en terrasse (*p. 19*).

Bars

2 **Viniportugal** – ***E7*** - *Sala Ogival, praça do Comércio - M Terreiro do Paço - 213 420 690 - www.viniportugal.pt - mar.-sam. 11h-19h.* Dans une salle ancienne voûtée, petite exposition et initiation à la dégustation des vins portugais *(mar.-sam. 11h-13h, 14h-19h).*

3 **A Ginjinha** – ***E6*** - *Largo São Domingos, 8 - M Rossio - 9h-22h.* Pour goûter à la *ginjinha* (eau-de-vie de cerise), au comptoir ou sur le trottoir (même si cette pratique, autrefois très populaire, tient aujourd'hui davantage du folklore). C'est ici que le fameux breuvage fut mis au point en 1840.

Pâtisserie

4 **Pastelaria Suiça** – ***E6*** - *Praça Dom Pedro IV, 100 - M Rossio - 213 214 090 - 7h-21h.* En-cas, jus de fruits et pâtisseries. Terrasses côté Rossio et côté praça da Figueira, d'où admirer le château. Un lieu stratégique quand on visite la ville.

Glacier

5 **Fragoleto** – ***F6*** - *Rua da Prata, 61 - M Terreiro do Paço - 213 479 472 - www.fragoleto.com - 11h-20h.* Excellentes glaces, avec un choix de parfums sortant de l'ordinaire (lait de chèvre, safran, etc.). Petite salle pour s'asseoir et bon accueil.

L'ALFAMA

Plan de quartier p. 24-25

Café

6 **Pois, Café** – ***F6*** - *Rua São João da Praça, 93-95 - M Terreiro do Paço - 218 862 497 - www.poiscafe.com - lun. 12h-23h, mar.-dim. 10h-23h.* Un café décontracté où l'on se sent comme à la maison, avec déco dépareillée, livres et magazines à disposition, Wifi, service chaleureux... Au menu : gâteaux et thés glacés maison, petite restauration.

Bars

7 **Tejo Bar** – ***F6*** - *Beco do Vigario, 1-A - Tram 28E - 914 645 705 - 18h-2h.* Un petit bar convivial où le patron taquine la guitare. Fado certains soirs

et expositions d'art. Si la porte est fermée... n'hésitez pas à frapper !

8 **Cerca Moura** – ***F6*** - *Largo das Portas do Sol, 4 (à côté du musée des Arts décoratifs) - Tram 12E, 28E - ✆ 218 874 859 - 12h-2h.* Ce bar avec terrasse a une vue imprenable sur la « mer de Paille » et l'Alfama. La salle du café fait l'effet d'une caverne.

LE CHIADO ET SANTA CATARINA

Plan de quartier p. 42

Cafés

9 **A Brasileira** – ***E6*** - *Rua Garrett, 120 - M Baixa-Chiado - ✆ 213 469 541 - 8h-2h.* La statue en bronze de Fernando Pessoa trône sur cette terrasse incontournable, rappelant qu'il participa ici à des discussions littéraires. Un lieu mythique, très animé.

10 **Noobai** – ***D6*** - *Miradouro de Santa Catarina - Tram 28E - ✆ 213 465 014 - www.noobaicafe.com - 12h-22h (20h le dim., 0h vend.-sam.).* Suspendue au-dessus de la cité, terrasse avec vue sur le Tage. À ne pas manquer au coucher du soleil (*p. 44*).

11 **Café No Chiado** – ***E6*** - *Largo do Picadeiro, 10-12 - M Baixa-Chiado - ✆ 213 460 501 - www.cafenochiado.com - 10h-2h.* Près du Teatro S. Carlos, agréable terrasse où prendre un verre et déguster l'excellente mousse de mangue maison. Presse et bibliothèque à disposition.

Bars

12 **O Purista - Barbière** – ***E6*** - *Rua Nova da Trindade, 16C - M Baixa-Chiado - ✆ 916 442 744 - dim., mar.-merc. 15h-21h, jeu. 15h-2h, vend.-sam. 15h-3h.* Excellent spot pour boire un verre sous fond de musique électro dans un appartement étonnamment décoré et... se faire raser !

13 **By the Wine** – ***E7*** - *Rua das Flores, 41-43 - M Baixa-Chiado - ✆ 213 420 319 - www.jmf.pt - tlj sf lun. 12h-0h (juil.-août 18h-0h).* Un bar à vins qui vaut le détour tant pour son décor que pour sa carte : sous un plafond couvert de plus de 3000 bouteilles (vides !), on goûte à la sélection de la maison viticole José Maria da Fonseca. Planches de fromage ou de charcuterie en accompagnement.

Pâtisserie

14 **Landeau Chocolate** – ***E7*** - *Rua das Flores, 70 - M Baixa-Chiado - ✆ 911 810 801 - www.landeau.pt - 12h-19h.* Une adresse connue pour son fameux gâteau au chocolat, fondant à souhait. Un délice !

Glacier

15 **Gelados Santini** – ***E6*** - *Rua do Carmo 9 - M Baixa-Chiado - ✆ 213 468 431 - www.santini.pt - 11h-0h.* L'un des meilleurs glaciers portugais, qui a pris ses quartiers dans le Chiado. Glaces et sorbets aux fruits de saison, faits à l'ancienne, sans colorant ni conservateur. Également à Cascais, Estoril et Carcavelos.

LE BAIRRO ALTO

Plan de quartier p. 42

Bars

16 **Pavilhão Chinês** – ***E5*** - *Rua Dom Pedro V, 89 - M Restauradores - ✆ 213 424 729 - http://barpavilhaochines.blogspot.fr -*

L'intérieur chaleureux du Pois. Café.

Nuts
Fairtrade

18h-2h, dim. 21h-2h. Une ancienne épicerie transformée en bar, qui vaut le détour pour son incroyable déco, une accumulation d'objets en tout genre. Perdez-vous dans son dédale de pièces et dans sa carte de cocktails, qui compte des dizaines de références. Billards.

17 **The Insólito** – ***E6*** - *Rua de São Pedro de Alcântara, 83 - Ⓜ Restauradores - ✆ 211 303 306 - http://theinsolito.pt - mar.-merc. 15h-0h, jeu.-sam. 15h-1h.* Au sommet de l'hôtel The Independente, un toit-terrasse pour admirer la ville et le fleuve. Bons cocktails, avec ou sans alcool.

18 **The Old Pharmacy** – ***E6*** - *Rua Diario de Noticias, 83 - ✆ 213 473 034 - mar.-sam. 17h30-0h.* Dans le décor d'une ancienne pharmacie, choix renversant de crus à accompagner d'une planche de charcuterie. Bons conseils et ambiance.

Pâtisserie

19 **Panificação Padaria São Roque** – ***E5*** - *Rua Dom Pedro V, 57 B - Elevador da Gloria - ✆ 213 224 356 - 7h-19h.* Les carreaux aux motifs floraux stylisés des Années folles donnent un charme particulier à cette boulangerie-pâtisserie, où boire un café et acheter des douceurs.

LE RATO ET LES AMOREIRAS

Plan de quartier p. 52

Bar

20 **Wine O'Clock** – ***C5*** - *Rua Joshua Benoliel, 2-B - Ⓜ Rato - ✆ 213 833 237 - www.wineoclock.com.pt - 10h30-20h30 sf dim.* Bar et cave à vins design, où découvrir une large palette de flacons portugais et de portos.

Glacier

21 **Artisani Gelados** – ***C5*** - *Avenida Alvares Cabral, 65 A-B - Ⓜ Rato - ✆ 213 976 453 - www.artisanigelado.com - dim.-jeu. 12h30-20h30, vend.-sam. 12h30-23h.* À deux pas du jardim da Estrela, de savoureuses glaces artisanales aux parfums variés : *nata*, cannelle, gianduja... Également à Cascais (Alameda da Duquesa de Palmela).

ESTRELA, MADRAGOA ET LAPA

Plan de quartier p. 52

Salon de thé

22 **Tease** – ***D6*** - *Rua Nova da Piedade, 15 - Ⓜ Rato - ✆ 215 962 773 - www.tease.pt - 9h-22h (vend.-sam. 0h).* Un salon de thé cosy au décor vintage, à deux pas de la jolie Praça das Flores. S'il est réputé pour ses cupcakes, laissez-vous tenter par ses autres gâteaux, petits plats et cocktails.

LE LONG DU TAGE

Plan de quartier p. 42

Bar

25 **Pensão Amor** – ***E7*** - *Rua do Alecrim, 19 - Ⓜ Cais do Sodré - ✆ 213 143 399 - www.pensaoamor.pt - 12h-3h (jeu.-sam. 4h).* Dans le décor baroque d'une ancienne maison close, on sirote un cocktail maison, lové dans un fauteuil en velours. Gravures, tentures et éclairage tamisé rappellent l'histoire sulfureuse du lieu. Un incontournable !

Plan détachable

Café

23 **Cafe da Fabrica** – ***A7*** - *Rua Rodrigues Faria, 103 (LX Factory) - Tram 15E, 18E - 214 011 807 - www.cafedafabrica.com - lun.-jeu. 9h30-21h, vend. 9h30-22h30, sam. 11h-22h30, dim. 11h-19h.* Pour une pause à l'entrée du LX Factory, en terrasse sous le pont du 25-Avril ou dans la salle cosy. Jus de fruits, smoothies et gâteaux faits maison.

Bar

24 **Bar-restaurant du musée d'Orient** – ***B8*** - *Avenida de Brasília - Tram 15E - 213 585 228 - tlj sf lun. 10h-18h (vend. 22h) ; restaurant 12h-15h.* Au dernier étage du musée, un lieu idéal pour se poser ou déjeuner. Vue sur les docks en terrasse.

PARQUE DAS NAÇÕES

Plan de quartier ***p. 59***

Bar

26 **Beer Deck** – *Centre commercial Vasco-da-Gama, avenida Dom João - M Oriente - 9h-0h.* L'esplanade du centre commercial offre une vue saisissante. Pour en profiter un verre à la main, il suffit d'acheter sa consommation à l'un des bars du centre commercial, puis de s'asseoir face au panorama. Magique au coucher du soleil.

BELÉM

Plan de quartier ***p. 64***

Café

27 **CCB Bar-Terraço** – *Praça do Império - Tram 15E - 213 612 702 - 12h-20h (sam.-dim. 10h-18h).* Au 3e étage du Centre culturel de Belém, pour prendre un verre avec vue sur le Tage et le monument des Découvertes.

Pâtisserie

28 **Antiga Confeitaria de Belém** – *Rua de Belém, 84-88 - 213 637 423 - www.pasteisdebelem.pt - Tram 15E - juil.-sept. 8h-0h, oct.-juin 8h-23h.* La plus célèbre fabrique de petits gâteaux de Belém : ici, les *pastéis de nata* sortent chauds des anciens fours. À emporter ou à déguster dans une des salles décorées d'azulejos. Un rituel du dimanche. Prévoir une longue file d'attente.

AVENIDA DA LIBERDADE ET SALDANHA

Plan de quartier ***p. 52***

Pâtisserie

29 **Cinemateca Portuguesa** – ***D5*** - *Rua Barata Salgueiro, 39 - M Avenida - 213 149 372 - www.cinemateca.pt - lun.sam. 12h30-1h (lun.-vend. 12h-18h en août).* Outre un petit musée, une programmation variée et une librairie, la Cinémathèque portugaise propose de grignoter quelques plats rapides et des gâteaux de toutes sortes sur une magnifique terrasse.

Plan détachable

Pâtisserie

30 **Versailles** – ***E2*** - *Avenida da República, 15-A - M Saldanha - 213 546 340 - 7h30-22h.* Magnifique décor Belle Époque pour ce café des années 1920. Derrière un long comptoir vitré s'élève une véritable montagne de tentations sucrées.

Shopping

Lisbonne recèle d'excellentes adresses où apprécier la richesse artisanale du Portugal (céramique, poterie, dentelle, tissage et tapis, artisanat du liège) mais aussi de boutiques de créateurs de mode et de designers réputés.

Lisboa Shopping Card – Réductions de 5 à 10 % auprès des 200 magasins adhérents (liste à l'office de tourisme) de la Baixa et du Chiado, ainsi que de l'avenida da Liberdade. Valable 24h *(3,70 €)* ou 72h *(5,80 €)*. En vente à l'office de tourisme et dans les kiosques Ask Me Lisboa. *p. 3 et 120.*

Repérez les adresses sur nos plans grâce aux pastilles numérotées (ex. 1). Les coordonnées en rouge (ex. C2) font référence au plan détachable (à l'intérieur de la couverture).

LA BAIXA

***Plan de quartier** p. 18*

Gastronomie

1 **Manuel Tavares** – ***E6*** - *Rua da Betesga, 1 A-B - Ⓜ Rossio - ☎ 213 424 209 - www.manueltavares.com - lun.-sam. 9h30-19h30.* Près de la praça Dom Pedro IV, boutique spécialisée depuis 1860 en produits régionaux : *enchido, salpição, morcelas da Guarda* et autres saucissons ou boudins. Grand choix de portos.

2 **Conserveira de Lisboa** – ***F6*** - *Rua dos Bacalhoeiros, 34 - Ⓜ Terreiro do Paço - ☎ 218 864 009 - www.conserveiradelisboa.pt - lun.-sam. 9h-19h.* Un magasin centenaire (comptoir en bois) où l'on empaquette les boîtes de conserve de poisson assaisonné à l'huile d'olive, à la tomate ou au citron. On craque pour les emballages rétro.

3 **Garrafeira Nacional** – ***E6*** - *Rua da Santa Justa, 18 - Ⓜ Baixa-Chiado - ☎ 218 879 080 - www.garrafeiranacional.com - 9h-19h30 sf dim. (sam. 19h).* Choix incomparable de vins portugais et de portos vintage.

Mode

4 **A Outra Face da Lua** – ***E6*** - *Rua da Assunção, 22 - Ⓜ Baixa-Chiado - ☎ 218 863 430 - www.aoutrafacedalua.com - lun.-sam. 10h-20h, dim. 12h-19h.* Vêtements vintage, accessoires, objets design, dans des tons pop et acidulés.

Artisanat

☺ 5 **Chi Coração** – ***E6*** - *Rua da Prata, 274 - Ⓜ Rossio - ☎ 218 862 014 - www.chicoracao.pt - lun.-sam. 10h-20h, dim. 12h-20h.* Une très belle boutique spécialisée dans la laine de production portugaise. Coup de cœur pour les plaids épais, aux couleurs douces *(70-100 €)*. Propose également des vêtements (pulls, bonnets).

6 **Pelcor** – ***F6*** - *Rua das Pedras Negras, 28 - Ⓜ Rossio - ☎ 218 864 205 - www.pelcor.pt - lun.-vend. 10h-13h, 14h-19h ; sam. 11h-13h, 15h-18h.* Une marque qui modernise l'artisanat du liège. On y trouve sacs, portefeuilles et pochettes, certes un peu chers, mais élégants et originaux.

La boutique A Arte da Terra, aménagée dans l'ancienne étable de la cathédrale.

Musique

7 Discoteca Amália – **E6** - *Rua Áurea, 272 - M Baixa-Chiado ou Rossio - 213 421 485 - lun.-vend. 10h-13h, 14h-19h, sam. 10h-13h.* Difficile de rater cette boutique avec l'air de fado qui s'en échappe et le portrait d'Amália Rodrigues qui trône en vitrine. On y trouve bien sûr ses œuvres complètes, en CD et DVD, ainsi que celles d'autres fadistes réputés.

L'ALFAMA

Plan de quartier p. 24-25

Artisanat

8 A Arte da Terra – **F6** - *Rua Augusto Rosa, 40 - Tram 12E, 28E - 212 745 975 - www.aartedaterra.pt - 11h-20h.* Sous les voûtes de l'ancienne étable de la cathédrale, cette jolie boutique expose des objets artisanaux de tout le pays (textiles, figurines en terre cuite, liège...). Une bonne option pour des souvenirs de qualité.

MOURARIA, GRAÇA ET SANTA APOLÓNIA

Plan de quartier p. 35

Marché

10 Feira da Ladra – **G5** - *Campo Santa Clara - M Santa Apolónia - mar. 7h-13h, sam. 7h-18h.* LE marché aux puces de Lisbonne. Bric-à-brac de vêtements, argenterie, meubles, etc. (p. 36).

Plan détachable

Artisanat

9 A Vida Portuguesa – **F5** - *Largo do Intendente Pina Manique, 2 - M Intendente - 211 974 512 - www.avidaportuguesa.com - 10h30-19h30.* S'il fallait n'en voir qu'une, ce serait celle-ci ! Dans le cadre rétro-chic d'une ancienne fabrique d'azulejos, cette vaste boutique propose, sur 500 m², une très belle sélection d'objets *made in* Portugal : cosmétique, décoration, textiles épicerie fine... Autre boutique, plus petite, dans le Chiado *(Rua Anchieta, 11).*

LE CHIADO ET SANTA CATARINA

Plan de quartier p. 42

Gastronomie

11 A Carioca – **E6** - *Rua da Misericordia, 9 - M Baixa-Chiado - 213 420 377 - lun.-sam. 9h-19h.* Cafés, thés et chocolats en provenance des anciennes colonies portugaises dans cette boutique des années 1930.

Artisanat

12 Fábrica Sant'Anna – **E6** - *Rua do Alecrim, 95 - M Baixa-Chiado ou Cais de Sodré - 213 422 537 - www.fabrica-santanna.com - lun.-sam. 9h30-19h.* Cette fabrique d'azulejos fondée en 1741 offre un vaste choix de carreaux à tous les prix. Visite des ateliers pour assister aux procédés de fabrication hérités du 18e s. *(calçada da Boa-Hora, 96 - 213 638 292 - réserv. conseillée à la boutique - lun.-vend. 9h30-12h30, 13h30-18h).*

13 Vista Alegre – **E6** - *Largo do Chiado, 20-23 - M Baixa-Chiado - 213 461 401 - www.myvistaalegre.com - lun.-sam. 10h-20h.* Boutique de la manufacture Vista Alegre, qui fabrique depuis 1824 de la porcelaine. Une enseigne incontournable, représentative du savoir-faire portugais et de l'histoire des arts de la table au Portugal.

14 **Caza das Vellas Loreto** – **E6** - *Rua do Loreto, 53-56 - M Baixa-Chiado - ✆ 213 425 387 - http://cazavellasloreto.com.pt - lun.-vend. 9h-19h, sam. et j. fériés 9h-13h.* Boiseries sombres et parfum de cire pour l'une des plus vieilles enseignes du Chiado. Depuis 1789, elle fournit cierges et bougies aux églises et aux particuliers.

15 **Cerâmicas na Linha** – **E6** - *Rua Capelo, 16 - M Baixa-Chiado - ✆ 215 984 813 - 10h-20h, dim. 12h-20h.* Le concept : de la céramique portugaise vendue au poids, à partir de quelques euros le kilo. Du plat au coquetier, de la traditionnelle forme de chou aux lignes plus modernes, il y en a pour tous les goûts !

16 **Loja da Burel** – **E6** - *Rua Serpa Pinto 15B - M Baixa-Chiado - ✆ 212 456 910 - www.burelfactory.com - 10h-20h, dim. 11h-19h.* Vêtements, tapis, couvertures, sacs faits main, à partir de la laine épaisse et chaude produite dans la Serra da Estrela. Créations de jeunes designers portugais.

Livres

17 **Livraria Ferin** – **E6** - *Rua Nova do Almada, 70 - M Baixa-Chiado - ✆ 213 424 422 - http://ferin.pt - lun.-sam. 12h-19h.* Une adresse sans rivale pour dénicher un ouvrage sur l'art portugais ou un beau livre.

Mode et textile

18 **Chiado Factory** – **E6** - *Rua da Misericórdia, 79 - M Baixa-Chiado - ✆ 213 460 009 - http://loja.chiado-factory.pt - lun.-jeu. 10h-0h, vend.-sam. 10h-22h.* Concept store (mode, déco, etc.), dont il est difficile de sortir les mains vides. Avec salon de coiffure.

19 **Lua de Champagne** – **E6** - *Calçada do Sacramento, 17 - M Baixa-Chiado - ✆ 965 360 035 - lun.-sam. 12h-20h.* Une adresse girly, où l'on déniche bijoux, accessoires, vêtements et quelques objets de déco, au style romantique et coloré, parfois vintage.

20 **Paris em Lisboa** – **E6** - *Rua Garrett, 77 - M Baixa-Chiado - ✆ 213 424 329 - www.parisemlisboa.pt - lun.-sam. 10h-19h.* Une institution née en 1888, spécialisée dans le linge de maison. À voir pour ses intérieurs en bois et la qualité de ses produits.

21 **Luvaria Ulisses** – **E6** - *Rua do Carmo, 87 - M Baixa-Chiado - ✆ 213 420 295 - lun.-sam. 10h-19h.* Une minuscule boutique aux boiseries patinées où l'on trouve des gants de cuir fabriqués au Portugal. Chic et intemporel.

LE BAIRRO ALTO

***Plan de quartier* p. 42**

Mode et design

22 **A Fabrica dos Chapeus** – **E6** - *Rua da Rosa, 118 - M Baixa-Chiado - ✆ 917 178 919 - lun.-jeu. 11h-20h30, vend.-sam. 11h30-21h.* Une chapellerie où vous dénicherez toutes sortes de coiffes, vintage avant l'heure.

23 **Tom Tom Shop** – **D6** - *Rua do Século, 4 - M Baixa-Chiado - ✆ 213 460 144 - lun.-sam. 11h-19h30.* Autre incontournable du design portugais, qui séduira les amateurs de kitsch et de couleurs. Accessoires pour la maison, gadgets en tout genre et mobilier aux lignes contemporaines.

Artisanat

(24) **Solar** – ***E5*** - *Rua Dom Pedro V, 68-70 - M Restauradores - ✆ 210 458 993 - http://solar.com.pt - lun.-vend. 10h-19h, sam. 10h-13h - fermé sam. en juil.-août.* Un véritable petit musée de l'azulejo, avec des pièces du 16e s. à aujourd'hui, à tous les prix selon les époques.

Plan de quartier p. 52

Mode et design

(25) **Embaixada** – ***D5*** - *Praça do Príncipe Real, 26 - M Restauradores - ✆ 965 309 154 - www.embaixadalx.pt - 12h-20h.* Une virée shopping dans un cadre unique ! Ce magnifique palais néomauresque du 19e s. a été converti en galerie commerçante chic. Autour d'un patio occupé par un restaurant, les enfilades de pièces accueillent vêtements, chaussures, bijoux, objets de déco de marques et créateurs portugais.

(26) **Entre Tanto - Indoor market** – ***D5*** - *Rua da Escola Politécnica, 42 - M Restauradores - ✆ 961 204 571 - www.entretanto.pt - 12h-20h.* L'un des récents concept stores de la praça do Principe Real. À l'image de l'Embaixada voisine, ce palais du 17e s. réunit des enseignes et créateurs de mode, accessoires, décoration, jouets, etc., à découvrir de salle en salle. Café et bar à jus de fruits au rez-de-chaussée.

(27) **Amélie au Théâtre** – ***D5*** - *Rua da Escola Politécnica, 69 - M Restauradores - ✆ 215 982 900 - lun.-sam. 10h-20h.* Belle sélection d'articles pour se façonner un look rétro et romantique, dans un décor de maison de poupée. À ne pas manquer : les accessoires haut en couleur créés par Amélia Antunes, la maîtresse des lieux.

LE RATO ET LES AMOREIRAS

Plan de quartier p. 52

Centre commercial

(28) **Amoreiras Shopping Center** – ***C4*** - *Avenida Engenheiro Duarte Pacheco - M Amoreiras - www.amoreiras.com - 10h-23h.* Ce centre commercial regroupe 400 boutiques, un supermarché, une galerie d'antiquités, des restaurants et 7 salles de cinéma.

LE LONG DU TAGE

Plans de quartier p. 42 et p. 52

Gastronomie

(29) **Loja das Conservas** – ***E7*** - *Rua do Arsenal, 130 - M Cais do Sodré - ✆ 911 181 210 - 10h-21h, dim. 12h-20h.* Un lieu tout nouveau à l'initiative de l'Association nationale des industriels de conserves de poisson. Sur ses murs blancs s'alignent les conserves de sardines, maquereaux et autres poulpes, des différentes fabriques du Portugal, présentées par des textes illustrés. Ludique et bon marché.

(30) **Cais Pimenta Rosa** – ***E7*** - *Travessa Corpo de Santo, 5 - M Cais do Sodré - ✆ 213 889 430 - http://pimentarosa.pt - mar.-vend. 10h30-20h, sam. 11h-18h.* Sur les étagères de cette épicerie fine, vous trouverez savons au look rétro, biscuits, confitures, huiles d'olive, vaisselle... Sélection de vin sur la mezzanine. Idéal pour faire le plein de cadeaux 100 % portugais.

Marché

31 **Mercado da Ribeira** – ***E7*** - *Avenida 24 de Julho - M Cais do Sodré - 10h-0h (jeu.-sam. 2h).* Réhabilité en 2014, le Mercado da Ribeira associe un marché traditionnel, des stands de cuisine (*p. 95*) et des antennes de commerces lisboètes : Manteigaria Silva (charcuterie), A Vida Portuguesa (artisanat), Garrafeira Nacional (caviste)...

Plan détachable

Design

32 **Pura Cal** – ***A8*** - *Rua Rodrigues de Faria, 103 (LX Factory) - Tram 15E, 18E - 962 961 413 - www.puracal.pt - mar.-sam. 11h-20h, dim. 12-17h.* Une boutique qui mêle, dans un joyeux fouillis, pièces vintage et créations de designers portugais (coussins, céramique, mobilier, etc.).

Cais Pimenta Rosa

Cais Pimenta Rosa.

Livres

33 **Ler Devagar** – ***A8*** - *Rua Rodrigues de Faria, 103 (LX Factory) - Tram 15E, 18E - 213 259 992 - www.lerdevagar.com - lun. 12h-21h, mar.-jeu. 12h-0h, vend.-sam. 12h-2h, dim. 11h-21h.* Au sein du LX Factory, cette étonnante librairie invite à feuilleter les livres en buvant un verre, au milieu de vieilles machines rotatives. Expos, rencontres et débats animent régulièrement la soirée. Grand choix de livres d'occasion et belle sélection musicale.

PARQUE DAS NAÇÕES

Plan de quartier p. 59

Centre commercial

34 **Vasco da Gama Shopping Center** – *M Oriente - 218 930 600 - www.centrovascodagama.pt - 9h-0h.* Un centre commercial ludique autour du thème de l'eau. Boutiques, restaurants, cafés, salles de cinéma et terrasse panoramique.

AVENIDA DA LIBERDADE ET SALDANHA

Grand magasin

35 **El Corte Inglés** – ***D3*** - *Avenida António Augusto de Aguiar, 31 - M São Sebastião - 707 200 051 - www.elcorteingles.pt - 10h-22h (dim. 20h ; vend.-sam. 23h30).* Grand magasin où l'on trouve de tout, des vêtements aux disques et aux journaux étrangers en passant par un vaste choix d'épicerie fine. Sans oublier l'alléchant stand de pâtisseries conventuelles !

Sortir

Très variée, la nuit lisboète se concentre le long du Tage, autour du **Cais do Sodré** ou près des **docks d'Alcântara**, et dans les quartiers du **Bairro Alto** et de l'**Alfama**. Du fado au bar branché, en passant par le club de jazz, la vie nocturne bat son plein à partir du jeudi soir.

Ne vous aventurez pas en discothèque avant 2h, au risque de vous sentir bien seul. Les Lisboètes n'y arrivent qu'après la fermeture des bars.

ABEP – *Praça dos Restauradores - ✆ 213 475 824*. Kiosque assurant la vente des billets (théâtre, sports, concerts, etc.).

Publications – L'*Agenda Cultural LX* est un mensuel gratuit avec le calendrier des manifestations culturelles (agendalx.pt). Autre mensuel gratuit, *Follow me Lisboa (*bilingue espagnol/anglais) est une précieuse source d'informations sur les lieux de sorties. Ils sont disponibles dans les principaux bureaux de tourisme, hôtels et kiosques (*p. 120*). Enfin, vous pouvez acheter en kiosque le magazine hebdomadaire *Time Out Lisboa* (en portugais) ou ses hors-séries en anglais (http://timeout.sapo.pt).

Pour le fado, voir aussi p. 148.

Repérez les adresses sur nos plans grâce aux pastilles numérotées (ex. 1). Les coordonnées en rouge (ex. E6) font référence au plan détachable (à l'intérieur de la couverture).

LA BAIXA ET LE ROSSIO

Plan de quartier p. 18

1 **Coliseu dos Recreios** – **E5** - *Rua das Portas de Santo Antão, 96 - M Restauradores - ✆ 213 240 580 - www.coliseulisboa.com.* Immense salle restaurée en 1994, accueillant concerts et spectacles en tout genre.

L'ALFAMA

Plan de quartier p. 24-25

2 **A Baiuca** – **F6** - *Rua de São Miguel, 20 - Tram 12E, 28E - ✆ 218 867 284 - 20h-0h sf mar. et merc.* Un tout petit restaurant chaleureux, où écouter du fado *vadio* (fado vagabond).

MOURARIA, GRAÇA ET SANTA APOLÓNIA

Plan de quartier p. 35

4 **Lux Frágil** – **G6** - *Avenida Infante D. Henrique, armazém A - Santa Apolónia - ✆ 218 820 890 - www.luxfragil.com - mar.-sam. 18h-4h (vend.-sam. 7h).* Dans un ancien entrepôt, l'un des endroits les plus branchés de Lisbonne, qui appartient en partie à l'acteur américain John Malkovitch. Bar et discothèque au rez-de-chaussée et premier étage, terrasse avec vue sur le toit.

Plan détachable

3 **Tasca do Jaime** - **F5** - *Rua da Graça, 91 - Tram 28E - ✆ 218 881 560 - 9h-21h.* Petit bar à l'ambiance familiale pour écouter de l'authentique fado

Rua Nova do Carvalho, repaire des noctambules, dans le quartier de Cais do Sodré.

(sam.-dim. et j. fériés 16h-20h) en sirotant une bière ou en picorant des *petiscos* pas chers.

5 **Clube Ferroviario** – ***G5*** - *Rua de Santa Apolónia, 59 - Santa Apolónia - 925 346 081 - www.clubeferroviarioblog.com - mar.-jeu. 18h-2h, vend. 18h-4h, sam. 16h-4h, dim. 16h-0h.* Un lieu à la programmation diversifiée, à la fois club, bar et salle de concert. Son toit-terrasse avec vue sur le Tage est un spot idéal au coucher du soleil.

LE CHIADO ET SANTA CATARINA

Plan de quartier p. 42

6 **Teatro Nacional de São Carlos** – ***E6*** - *Largo de São Carlos - M Baixa-Chiado - 213 253 045 - http://tnsc.pt.* Dans sa salle rococo habillée d'or sont donnés des opéras et des concerts classiques (*p. 40*).

Plan de quartier p. 52

7 **Incógnito** – ***D6*** - *Rua Poiais de São Bento, 37 - Tram 28E - 213 908 755 - www.incognitobar.com - merc.-sam. 23h-4h.* Petit bar musical pas cher, sympa et mode pour amateurs de musique indie et alternative.

LE BAIRRO ALTO

Plan de quartier p. 42

8 **Galeria Zé dos Bois (ZDB)** – ***E6*** - *Rua da Barroca, 59 - M Baixa-Chiado - 213 430 205 - www.zedosbois.org - concert à 22h en sem., vend.-sam. 23h.* Espace expérimental où se mêlent art contemporain (vidéos, performances, expos), concerts (pop-rock, hip-hop et *world music*).

9 **Tasca do Chico** – ***E6*** - *Rua Diario de Noticias, 39 - M Baixa-Chiado - 965 059 670 - 19h-2h.* Minuscule bar de quartier, antre d'un fado *vadio* authentique, interprété par des amateurs ou des professionnels.

10 **Bairru's Bodega** – ***E6*** - *Rua da Barroca, 3 - 213 469 060 - www.bairrusbodega.com - 20h-2h.* Murs et sol en pierre et de vieux tonneaux en guise de tables, pour un bar à vin tranquille et chaleureux.

11 **Grapes & Bites Winehouse** – ***E6*** - *Rua do Norte, 81 - M Baixa-Chiado - 919 361 171 - www.grapesandbites.com - 14h-2h.* Un bar à vin sympathique, où l'on goûte aux crus portugais en grignotant charcuterie, fromage et petits plats. Le tout en écoutant de la musique live (rock, folk, blues...).

D. Dalfiano/age fotostock

Lux Frágil.

ESTRELA, MADRAGOA ET LAPA

***Plan de quartier** p. 52*
12 **Senhor Vinho** – **C6** - *Rua do Meio à Lapa, 18 - M Picoas - 213 972 681 - www.srvinho.com - 19h-2h, concert à 21h - réserv. conseillée.* Un restaurant réputé pour écouter du fado.

LE LONG DU TAGE

***Plans de quartier** p. 42 **et** p. 52*
Bars des Docas – **B8** - *Docks d'Alcântara et de Santo Amaro - Tram 15E.* Nombreux bars branchés dans ces deux docks restaurés et aménagés.
13 **K Urban Beach** – **D7** - *Rua da Cintura - Santos - 213 932 930 - www.grupo-k.pt - merc.-sam. - 20h-6h.* Bar-boîte en terrasse au design époustouflant, face au Tage.
14 **Music Box** – **E7** - *Rua Nova do Carvalho, 24 - M Cais do Sodré - www.musicboxlisboa.com - lun.-sam. 23h-6h.* L'un des endroits les plus tendance de Lisbonne, dans le quartier branché de Cais do Sodré. Concerts, soirées DJ.
15 **O Bom O Mau e O Vilão** – **E7** - *Rua Do Alecrim 21 - M Cais do Sodré - 967 950 287 - lun.-jeu. 19h-2h, vend.-sam. 19h-3h.* Un bar à cocktails conçu comme un appartement, avec sa succession de salles et son mobilier vintage, qui s'anime en soirée au son des DJ sets et des concerts live.
16 **Main Lisbon** – **C7** - *Avenida 24 de Julho, 68 - Tram 15E - jeu.-sam. 23h-6h.* Boîte de nuit dans les anciens docks, décor élégant et lumineux, terrasse.

***Plan d'agglomération** p. 14-15*
17 **Fábrica Braço de Prata** – **DN** - *Rua da Fábrica do Material de Guerra, 1 - Braço de Prata - 965 518 068 - www.bracodeprata.com - merc.-jeu. 18h-2h, vend. 18h-4h, sam. 14h-4h.* Dans les anciens docks situés entre Santa Apolónia et le parc des Nations, un lieu « multi-culti », avec librairies, concerts, bar, restaurant, spectacles, conférences et expositions.

BELÉM

***Plan de quartier** p. 64*
18 **Centro Cultural de Belém** – *Praça do Império - Tram 15E - 213 612 400 - www.ccb.pt.* Une salle où sont présentés les meilleurs spectacles et concerts du pays (*p. 65*).

AVENIDA DA LIBERDADE ET SALDANHA

19 **Hot Clube** – **E5** - *Praça da Alegria, 39 - M Avenida - 213 460 305 - www.hcp.pt - mar.-sam. 22h-2h; concerts 23h et 0h30.* La plus ancienne cave de jazz de Lisbonne. Des groupes, souvent de renommée internationale, s'y produisent les vendredi et samedi.

CAMPO PEQUENO ET CAMPO GRANDE

20 **Culturgest – Caixa Geral de Depósitos** – **E1** - *Rua do Arco do Cego - M Campo Pequeno - 217 905 155 - www.culturgest.pt - billetterie lun.-vend. 11h-19h, w.-end 14h-20h.* Le siège de la Caisse des dépôts abrite un espace culturel, avec une programmation musicale de qualité et des expositions d'artistes contemporains.

Se loger

Quartiers
Avec leurs stations de métro et leurs nombreux arrêts de tram, les quartiers centraux de la **Baixa** et du **Chiado** sont les plus pratiques, mais aussi les plus bruyants. Certains préféreront l'authenticité des ruelles du **Bairro Alto** et de l'**Alfama**, le calme des collines résidentielles de **Graça** et **Lapa**, assez proches du centre à pied et reliées par le tram, ou encore le chic des hôtels proches de **l'avenida da Liberdade**, bien desservie par les transports en commun.

Types d'hébergement
Lisbonne propose un grand choix, de la pension *(pensão)* à l'hôtel luxueux. Classiques et relativement abordables, les hôtels sont classés de 2 à 5 étoiles, le prix incluant souvent le petit-déjeuner. La plupart proposent un service de restauration, contrairement aux pensions. Correspondant à la catégorie « une étoile », celles-ci sont souvent installées dans des édifices anciens. Nombreuses et bon marché, elles sont simples mais bien entretenues. Par précaution, demandez à voir la chambre avant de vous installer. Quant aux *residenciais*, plus confortables mais souvent sans restaurant, ils possèdent aussi un charme certain.
Les prix indiqués dans le guide correspondent à une chambre double, pour deux personnes, en haute saison.

Bon à savoir – Adresses pour tous les styles et budgets sur www.visitlisboa.com.

Locations d'appartements
www.citysiesta.com, www.homeaway.pt, www.travelingtolisbon.com. Bonne formule pour un week-end à plusieurs.

Repérez les adresses sur le plan détachable (à l'intérieur de la couverture) grâce aux pastilles numérotées (ex. 1). Les coordonnées en rouge (ex. F6) font référence à ce même plan.

LA BAIXA ET LE ROSSIO

Moins de 70 €
17 **Lavra Guest House** – ***E5*** - *Calçada de Santana, 198 A - ☏ 218 820 000 - www.lavra.pt - 24 ch. 65/70 € - ☕ 5 €.* Sur la colline de Pena ignorée des touristes (et pour cause : ça grimpe dur), au sommet de l'*elevador* de Lavra reliant la Rua das Portas de Santo Antão, maison du 17e s. avec patio et terrasse, mêlant meubles anciens et design contemporain. Demandez une chambre avec vue au dernier étage. Wifi à la réception.
13 **Pensão Praça da Figueira** – ***E6*** - *Travessa Nova de São Domingos 9 - M Rossio - ☏ 213 424 323 - www.pensaopracadafigueira.com - 31 ch. 51/70 € ☕.* Sympathique pension, centrale et rénovée, aux 2e et 3e étages (sans ascenseur) d'un

bel immeuble ancien. Prenez une chambre avec *casa de banho completa* (salle de bains-toilettes). Deux suites *(4-5 pers.)*. Petit-déjeuner copieux et varié. Un excellent rapport qualité-prix.

De 70 à 100 €

12 **VIP Eden** – **F5** - *Praça dos Restauradores, 24 - M Restauradores - 213 216 600 - www.viphotels.com - - 134 ch. 90/105 € - 8,50 €.* Ancien cinéma reconverti avec succès en « apparthotel » : studios équipés *(1-2 pers.)* et appartements jusqu'à 4 pers., à la semaine ou à la nuitée. Terrasse panoramique avec petite piscine.

1 **Lisboa Tejo** – **F6** - *Rua dos Condes de Monsanto, 2 - M Rossio - 218 866 182 - www.lisboatejohotel.com - - 51 ch. 80/125 €.* Proche de la Praça da Figueira, cet hôtel a été rénové par des designers portugais. Chambres confortables et joliment décorées, mais un peu bruyantes côté rue. Tarifs intéressants sur Internet.

L'ALFAMA

De 70 à 100 €

5 **Casa Costa do Castelo** – **F6** - *Rua Costa do Castelo, 54 - 4e étage sans ascenseur - Tram 12E, 28E - 218 822 678 - www.c-c-castelo.com - - 5 ch. 90 €* . Dans une maison du début du 20e s. adossée à l'enceinte du château, au milieu des jardins en terrasse dominant les toits et le Tage au loin, 4 chambres doubles et une suite. Deux nuits minimum, sur réservation.

Plus de 150 €

15 **Solar dos Mouros** – **F6** - *Rua do Milagre de Santo António, 6 - BUS 737 - 218 854 940 - www.solardosmouros.com - - 13 ch. 150/180 €.* Cette belle maison rose orangé perchée sur l'ancienne muraille arabe appartient au peintre portugais Luís Lemos. Vastes chambres avec vue et deux suites, dont une avec terrasse, décorées d'œuvres de l'hôte ou de sa collection : tableaux, masques africains, livres rares...

MOURARIA, GRAÇA ET SANTA APOLONIA

De 100 à 150 €

6 **Albergaria Senhora do Monte** – **F5** - *Calçada do Monte, 39 - Tram 28E - 218 866 002 - http://albergariasenhoradomonte.com - - 28 ch. 140 €.* Sur la plus haute colline de Lisbonne, sous le belvédère de Senhora dos Montes, un hôtel moderne jouissant d'un panorama grandiose. Les chambres 1 à 4, plus chères, ont une terrasse (évitez celles donnant à l'arrière, sans vue).

LE CHIADO ET SANTA CATARINA

De 100 à 150 €

18 **Monte Belvedere** – **D6** - *Rua Santa Catarina, 17 - Tram 28E - 914 176 969 - http://shiadu.com - - 13 ch. 100/120 €* . L'une des délicieuses maisons d'hôte de charme de Shiadu, dans le pittoresque

La terrasse de l'hôtel Solar dos Mouros.

quartier de Santa Catarina. Avec vue sur le Tage depuis certaines chambres et depuis la terrasse où l'on prend le petit-déjeuner ou le dîner. Rapport qualité-prix imbattable et très bon accueil.

Plus de 150 €

2 **Hotel do Chiado** – ***E6*** - *Rua Nova do Almada, 114 - M Baixa-Chiado - ✆ 213 256 118 - http://hoteldochiado.pt - ▤ - 40 ch. 200/280 € ☕.* Installé à côté des étages supérieurs des historiques « Armazens do Chiado », un hôtel de très bon confort à la décoration minimaliste, refaite en 2013. Les chambres de catégorie premium ont une terrasse avec une vue superbe sur la ville ou le Tage.

LE BAIRRO ALTO

De 70 à 100 €

3 **Casa de S. Mamede** – ***D5*** - *Rua da Escola Politécnica, 159 - M Rato - ✆ 213 963 166 - www.casadesaomamede.pt - ▤ - 26 ch. 90/100 € ☕.* Près du jardin botanique et du quartier des antiquaires, une paisible maison du 18ᵉ s. qui ne manque pas de caractère avec ses azulejos et son opulent mobilier ancien.

14 **Pensão Londres** – ***E5*** - *Rua Dom Pedro V, 53 - M Restauradores puis elevador da Glória - ✆ 213 462 203 - www.pensaolondres.com.pt - ▤ - 35 ch. 70/80 € ☕.* Sur les hauteurs du Bairro Alto, à deux pas

du jardin de Príncipe Real et de l'elevador de Glória reliant la place des Restauradores, des chambres claires et spacieuses avec, aux étages élevés, une belle vue sur le Tage ou le château.

ESTRELA, MADRAGOA ET LAPA

Plus de 150 €

7 **York House** - **C7** - *Rua das Janelas Verdes, 32 - Tram - ✆ 213 962 435 - www.yorkhouselisboa.com - ▤ - 32 ch. 145/180 € - ☕ 15 €.* Dans un ancien couvent du 17e s., un charmant « boutique-hôtel » à l'atmosphère sereine. Les chambres se répartissent autour d'un patio planté d'une abondante végétation. Le restaurant sert une cuisine savoureuse.

8 **As Janelas Verdes** - **C7** - *Rua das Janelas Verdes, 47 - 🚆 Santos - ✆ 213 968 143 - Tram 25E - www.heritage.pt - ▤ - 29 ch. 160/220 € ☕.* Jouxtant le musée d'Art ancien, un hôtel confortable dans une belle maison du 18e s. qui fut celle de l'écrivain Eça de Queiros. Décoration classique mais éclectique. Préférez les chambres donnant sur le Tage, plus calmes.

AVENIDA DA LIBERDADE ET SALDANHA

Moins de 70 €

16 **Pensão Brasília** - **D4** - *Rua Alexandre Herculano, 29 - M Marquês de Pombal - ✆ 210 475 084 - http://brasilia.pai.pt - 7 ch. 60 €.* La bonne adresse pour les mini-budgets ! Une petite pension dans un appartement à l'atmosphère feutrée, au 2e étage. Chambres simples (avec ou sans douche) mais intimes. Vite complet : réservez !

Plus de 150 €

10 **NH Liberdade** - **E5** - *Avenida da Liberdade, 180B - M Avenida - ✆ 213 514 060 - www.nh-hotels.com - ▤ 🏊 - 83 ch. 190/210 €.* Chambres spacieuses et décoration minimaliste Petit-déjeuner compris ou non selon le tarif. Sur le toit, piscine et terrasse panoramique. Chic et design.

11 **Britânia** - **E5** - *Rua Rodrigues Sampaio, 17 - M Avenida - ✆ 213 155 016 - www.hotel-britania.com - ▤ - 32 ch. 200/240 € ☕.* Dans une rue tranquille parallèle à l'Avenida da Liberdade, un hôtel Art déco construit dans les années 1940 par Cassiano Branco. Confort et charme rétro : une pure merveille !

ERA

Lisbonne pratique

Elevador da Bica

J. A. Moreno/age fotostock

Préparez votre voyage

FORMALITÉS D'ENTRÉE

Pièce d'identité obligatoire – Carte d'identité ou passeport en cours de validité.
Visa – Les ressortissants français, ceux de l'Union européenne et les Suisses n'en ont pas besoin.
Douane – En vertu de l'accord de Schengen, aucun contrôle n'est effectué lors du passage de la frontière avec l'un des États de l'Union européenne. Si vous arrivez d'un pays ne faisant pas partie de l'Union européenne, vous devez passer la douane et déclarer les marchandises que vous apportez.

ALLER À LISBONNE EN AVION

Aéroport international de Portela de Sacavém (✆ 218 413 700 - www.ana.pt). *« Arriver à Lisbonne » p. 3.*
Il est conseillé de réserver les billets plusieurs mois à l'avance pour les départs en été compte tenu des nombreux retours des Portugais résidant à l'étranger, surtout au mois d'août.

Compagnies régulières

Air France – ✆ 3654 - www.airfrance.fr. 4 ou 5 vols directs quotidiens au départ de Paris-Charles-de-Gaulle (2h35 de vol). Également des vols depuis Bordeaux, Lyon, Marseille, Nice et Toulouse.
TAP Air Portugal – ✆ 0 820 319 320 - www.flytap.fr. Un ou deux vols par jour depuis Paris (2h15 de vol), Bruxelles (2h35) et Genève (2h15).
Brussels Airlines – Aéroport de Bruxelles - 1831 Diegem - ✆ 02 200 62 34 - www.brusselsairlines.com. Au départ de Bruxelles, un vol direct quotidien (2h40).

Compagnies low-cost

Les réservations se font directement sur le site Internet des compagnies :
Aigle Azur – 7 bd Saint-Martin - 75003 Paris - ✆ 0 810 797 997 - www.aigle-azur.fr. Vols quotidiens de Paris-Orly vers Lisbonne.
Easyjet – www.easyjet.com. Vols quotidiens depuis Paris-Charles-de-Gaulle et Genève, 6 vols/sem. depuis Bâle-Mulhouse, 5 vols/sem. depuis Lyon, 4 vols/sem. depuis Lille, et 3 vols/sem. depuis Luxembourg.
Ryanair – www.ryanair.com. Vols quotidiens depuis Paris-Beauvais et Bruxelles-Zaventem.
Transavia – www.transavia.com. Vols quotidiens depuis Paris-Orly et 4 vols/sem. depuis Nantes.
Vueling – www.vueling.com. Vols quotidiens depuis Paris-Orly, 5 à 6 vols/sem. depuis Lyon ou Genève.

Vols dégriffés et charters

Expedia – ✆ 01 57 32 49 86 - www.expedia.fr.
Lastminute – ✆ 0892 68 61 00 - www.lastminute.fr.
GoVoyages – ✆ 0899 860 860 - www.govoyages.com.

Look Voyages - ✆ 01 45 15 31 70 - www.look-voyages.fr.
Nouvelles Frontières - ✆ 0825 000 747 - www.nouvelles-frontieres.fr.

Informations sur Internet

Opodo - www.opodo.fr. Ce site, fruit d'un partenariat entre diverses compagnies aériennes, permet de comparer les différentes possibilités et les tarifs en fonction de votre date de départ, et de passer commande en ligne.
Easyvols - www.easyvols.fr. Le site recherche les vols et les disponibilités et les classe du moins cher au plus cher, parmi les offres proposées par les agences partenaires (Opodo, Govoyages, Lastminute, etc.).

ALLER À LISBONNE EN TRAIN

De Paris - www.voyages.scnf.com. Il n'existe pas de train direct pour se rendre à Lisbonne. De Paris-Montparnasse, un **TGV** part tlj à 10h28 vers Hendaye, où vous changerez de train ; arrivée à la gare Oriente puis Santa Apolónia le lendemain vers 7h30.
De Bruxelles - www.thalys.com. Aucune liaison directe, prenez le Thalys jusqu'à Paris.
De Genève ou Zurich - Direct jusqu'à Barcelone, changements à Barcelone et Madrid.
« Arriver à Lisbonne » p. 3 et le site des chemins de fer portugais (en anglais et en portugais) : www.cp.pt.

ARGENT

La devise est l'**euro**.

Cartes de crédit - Visa, Premier, Eurocard, Mastercard, American Express sont largement répandues à Lisbonne, et acceptées par de nombreux hôtels, restaurants, boutiques et *multibancos* (distributeurs automatiques de billets). Attention : de nombreux petits restaurants et certaines pensions refusent ce mode de paiement.
« Banques » p. 122 et encadré « Pas de panique » p. 122.

SAISONS ET CLIMAT

Tempéré, le climat de Lisbonne reste doux et ensoleillé toute l'année. Température annuelle moyenne : 17 °C.
Été - Juillet et août sont les mois les plus chauds (27 à 28 °C) mais la ville jouit de brises rafraîchissantes du fait de la proximité de l'Océan.
Hiver - Humide et relativement frais mais Lisbonne reste ensoleillée (13 à 17 °C).
Palmarès des saisons - Le printemps et l'automne sont les saisons idéales pour découvrir la capitale portugaise. Au printemps, parcs et jardins se parent de fleurs. Les terrasses de cafés se déploient. Le mois d'avril est attrayant, la ville s'animant avec ferveur durant la Semaine sainte. C'est également le cas en juin, à l'occasion de la fête patronale de la Saint-Antoine, qui se déroule sur plusieurs jours autour du 13 juin.
En automne, les températures restent particulièrement agréables (moyenne de 22 à 26 °C).

SANTÉ

Pensez à demander à votre caisse votre carte européenne d'assurance-maladie au moins quinze jours avant votre départ, ce qui évite d'avancer certains frais (*En cas de problème sur place, voir « Santé » p. 124, et l'encadré « Pas de panique » p. 122).*

TÉLÉPHONE

Pour appeler de l'étranger à Lisbonne – Composer le 00 (international) + 351 (indicatif du Portugal) puis les 9 chiffres de votre correspondant.
Sur place, voir « Téléphone » p. 125.

POUR EN SAVOIR PLUS

Retrouvez tous les contacts et informations sur le site très complet de l'office du tourisme du Portugal : **www.visitportugal.com**. Il permet de télécharger des brochures, plans, podcast, trouver un hébergement, etc.
www.visitlisboa.com propose une documentation spécifique à Lisbonne.

Organismes à Lisbonne

Les numéros de téléphone ci-dessous sont à composer depuis Lisbonne.

Palácio Foz – Praça dos Restauradores - 213 463 314 - 9h-20h. Principal bureau de l'Instituto de turismo de Portugal (ITP), qui renseigne sur Lisbonne et sa région et dispose de plusieurs antennes en ville (kiosques de rue).

Lisboa Welcome Center – Rua do Arsenal, 25 - 210 312 810 - www.visitlisboa.com - 9h-20h. Bureau d'informations touristiques, galerie, auditorium, café et boutique de produits régionaux. Accès Internet (payant).

Plusieurs points d'information touristique **« Ask me Lisboa »** sont répartis dans la ville :

Kiosque de l'aéroport – (*« Arriver à Lisbonne » p. 3).*

Kiosque de Santa Apolónia – (*« Arriver à Lisbonne » p. 3).*

Kiosque de Belém – Devant le Mosteiro dos Jerónimos - 213 658 435 - lun.-sam. 10h-13h, 14h-18h.

Votre séjour de A à Z

AMBASSADES

Ambassade de France – Rua de Santos-o-Velho, 5 - 1249-079 Lisboa - ✆ 213 939 100 - www.ambafrance-pt.org.
Ambassade/Consulat de Belgique – Praça do Marquês de Pombal, 14-6° - 1269-024 Lisboa - ✆ 213 170 510 - www.diplomatie.be/lisbonfr.
Ambassade du Luxembourg – Rua das Janelas Verdes, 43 - 1200-690 Lisboa - ✆ 213 931 940 - http://lisbonne.mae.lu.
Ambassade de Suisse – Travessa do Jardim, 17 - 1350-185 Lisboa - ✆ 213 944 090 - www.eda.admin.ch/lisbon.

BANQUES

Il y en a dans toute la ville, et la plupart des banques sont représentées dans la Baixa. Très courants, les distributeurs automatiques de billets, appelés *multibancos*, acceptent la plupart des cartes de crédit.
« Argent » p. 119 et « Horaires » ci-contre.

DÉCALAGE HORAIRE

Été comme hiver, le décalage horaire entre le Portugal et la France est d'une heure : lorsqu'il est 13h à Paris, il est 12h à Lisbonne.

ÉLECTRICITÉ

220 volts/50 Hz. Les prises sont de type continental avec deux fiches rondes, semblables aux prises françaises.

HORAIRES

Banques – Les guichets sont généralement ouverts en continu de 8h30 à 15h, du lundi au vendredi. Beaucoup proposent des guichets automatiques, ouverts 24h/24.
Magasins – En général ouverts de 9h à 13h et de 15h à 19h, ils ferment le dimanche et parfois le samedi après-midi. Les centres commerciaux sont pour la plupart ouverts tous les jours de 10h à 22h, voire minuit.
« Nos adresses/Shopping » p. 102.

Pas de panique !

SOS – ✆ 112 (numéro d'urgence européen : pompiers, police, Samu)
Police de tourisme de Lisbonne – Palácio Foz, praça dos Restauradores, à côté de l'office de tourisme - ✆ 213 421 623.
Pompiers – ✆ 213 422 222
Opposition carte bancaire – ✆ 0 892 705 705 (serveur vocal valable pour tout type de cartes ; depuis l'étranger, composer le +33 442 605 303)

Pharmacies – Elles sont ouvertes du lundi au vendredi de 9h à 13h et de 15h à 19h, et le samedi matin. Quelques-unes sont ouvertes 24h/24, de même que les pharmacies de garde *(farmácias de serviço)*.
« Santé » p. 120.
Postes – En général ouvertes du lundi au vendredi, de 9h à 18h, le samedi de 10h à 13h. La poste centrale a des horaires élargis (*ci-contre).*
« Restauration » p. 120 et « Transports en commun » p. 121.

JOURS FÉRIÉS

Le 1er janvier – Nouvel An.
Février – Mardi gras, date variable.
Mars-avril – Vendredi saint, date variable.
Le 25 avril – Anniversaire de la révolution des Œillets, fête de la Liberté.
Le 1er mai – Fête du Travail.
Le 10 juin – Fête nationale : mort de Camões et fête des Communautés portugaises.
Le 13 juin – Fête patronale de la Saint-Antoine, saint patron de Lisbonne.
Le 15 août – Assomption.
Le 8 décembre – Immaculée Conception.
Le 25 décembre – Noël.
Quatre jours fériés ont été supprimés pour raisons économiques jusqu'en 2018 : le 5 octobre (fête de la République), le 1er décembre (Restauration de l'indépendance), la Fête-Dieu (60 jours après Pâques) et le 1er novembre (Toussaint).
Agenda culturel, p. 128.

LISBOA CARD

Une formule pratique et économique : la carte donne un accès gratuit et illimité aux transports publics (bus, métro, trams, funiculaires, train pour Cascais et Sintra), et un accès gratuit ou des réductions dans la plupart des musées et sites culturels de Lisbonne et des environs. En vente sur le site www.askmelisboa.com, à l'aéroport et dans les offices de tourisme (*p. 120).*

POSTE

On trouvera les bureaux de poste *(correios)* à l'enseigne rouge et blanc CTT (*« Horaires » p. 122).*
Poste centrale – Le bureau de Restauradores assure une permanence tous les jours, de 8h à 22h, les w.-ends et j. fériés de 9h à 18h. La poste de l'aéroport de Lisbonne est ouverte 24h/24.
Timbres – Les timbres *(selos)* sont en vente dans les bureaux de poste, les bureaux de tabac et chez la plupart des marchands de journaux. Délai d'acheminement vers la France : quatre jours minimum (inscrivez *via aérea*, « par avion »). Pratiques, de grandes bornes rouges installées dans la ville font office de distributeur de timbres et de boîte aux lettres.

POURBOIRE

Le service est inclus mais il est d'usage de laisser un pourboire d'environ 10 % du montant de l'addition (sauf dans les petits établissements populaires).

PRESSE

Les principaux **quotidiens** sont le *Diário de Noticias*, le *Correio da Manhã* et le *Público*. Les hebdomadaires sont l'*Expresso*, le plus lu, et *O Independente*. Pour connaître les différentes publications proposant le calendrier des événements culturels, *« Nos Adresses/Sortir » p. 108.*

RESTAURATION

« Nos Adresses/Se restaurer » p. 90.
Horaires – L'*almoço* (déjeuner) est servi vers 13h. Le *jantar* (dîner) se prend entre 19h et 22h, voire plus tard dans les quartiers les plus touristiques.
Prix – Dans les restaurants populaires, deux prix différents sont affichés

pour le même plat. L'un concerne la demi-portion *(meia dose)*, déjà bien copieuse, et l'autre, la portion entière *(dose)*, qui pourra convenir à deux personnes.
Usages particuliers – Avant le plat choisi, on vous apportera des petits hors-d'œuvre *(acepipes)* composés de fromage, jambon cru, *chouriço*, olives, pâté de thon, etc. Attention, ils ne sont pas offerts en guise de bienvenue, mais sont inclus dans l'addition lorsqu'ils sont consommés. Si vous n'en voulez pas, dites-le simplement au serveur.
La plupart des restaurants facturent le beurre, le pain voire le couvert.
La carafe d'eau n'existant pas, il vous faudra commander de l'eau en bouteille.
Pour les poissons, les tarifs peuvent indiquer le prix au kilogramme : n'hésitez pas, dans ce cas, à demander le poids et le prix du poisson que vous choisissez sur le présentoir.

SANTÉ

La section consulaire de l'ambassade de France tient à jour une liste de médecins francophones sur son site Internet à la rubrique « contacts utiles » (*p. 122*).
Les pharmacies *(farmácias) sont* reconnaissables à leur croix blanche sur fond vert ; on y trouve les mêmes médicaments qu'en France.
En dehors des heures d'ouverture, la liste des pharmacies de garde est affichée sur la porte des pharmacies. Liste des pharmacies de garde sur www.farmaciasdeservico.net/localidade/lisboa/lisboa/

SAVOIR-VIVRE

Les Portugais sont accueillants, d'un abord facile. Ils seront heureux de faire découvrir leur ville et leur culture s'ils sentent chez vous une véritable curiosité, d'autant que beaucoup parlent français. Rien de plus facile que d'établir le contact dans les *tascas*, ces restaurants populaires où la cuisine est simple, mais souvent de qualité, et où les relations se nouent rapidement.

TABAC

Il est interdit de fumer dans les transports en commun et les bâtiments publics (administrations, musées, etc.). Les bars et les restaurants sont pour la plupart non-fumeur. Renseignez-vous avant d'en griller une !

TAXIS

Nombreux et moins onéreux que dans la plupart des autres villes d'Europe, ils constituent un bon moyen de déplacement dans Lisbonne. La majorité d'entre eux sont de couleur **beige**, parfois **noire avec toit vert amande**. Une lumière verte s'allume à côté de l'enseigne s'ils sont libres. La plupart des grandes places de la ville sont équipées d'une borne.

Pour les courses en ville, le prix est affiché au compteur. Hors du périmètre urbain, le prix est calculé selon un barème kilométrique. Comptez 5 € pour une course moyenne de jour, 7 € de nuit. Surtaxes de 1,60 € pour les bagages, 0,80 € pour un appel par téléphone.

Vérifiez, au départ, que le compteur est placé sur le bon tarif : T1 pour Lisbonne le jour, T2 pour Lisbonne la nuit (22h-6h), les w.-ends et j. fériés, T3 et T4 pour les zones suburbaines.

Retális – ✆ 218 119 000.

Teletáxi – ✆ 218 111 100.

TÉLÉPHONE

De l'étranger à Lisbonne

« Téléphone » p. 120.

De Lisbonne à l'étranger

Pour appeler l'étranger, composer le 00 (international) + indicatif du pays (33 pour la France, 32 pour la Belgique, 41 pour la Suisse) + numéro du correspondant (sans le premier 0 pour la France, la Belgique et la Suisse).

De Lisbonne à Lisbonne

Il faut composer l'intégralité du numéro, avec l'indicatif régional, soit 9 chiffres où que vous soyez. Les numéros commençant par 800 (ligne verte) sont gratuits, ceux qui commencent par 808 (ligne bleue) sont facturés au prix d'un appel local. Les n° de portable commencent par 9.

Cabines téléphoniques – La plupart sont équipées pour recevoir des cartes (Portugal Telecom et Credifone sont courantes à Lisbonne). Certaines cabines permettent l'utilisation des cartes de crédit. Les cartes téléphoniques sont en vente dans les boutiques Portugal Telecom (PT), dans les bureaux de poste et dans certains kiosques et bureaux de tabac.

Téléphones portables – Si vous disposez d'un téléphone débloqué, il peut être intéressant d'acheter une puce chez l'un des trois opérateurs (Optimus, Vodaphone, TMN) et de recharger votre crédit dans leurs boutiques respectives, à la poste ou dans les guichets automatiques des banques avec votre carte bancaire.

« Téléphone » p. 120.

TRANSPORTS EN COMMUN

Dans cette ville au relief accidenté, les transports en commun se révèlent pratiques et parfois ludiques (tramways – *eléctrico* –, funiculaires et ascenseurs, ces deux derniers appelés *elevadores*).

Le métro d'une part et les bus, tramways et funiculaires d'autre part sont gérés par des compagnies différentes. Aussi tous les titres de transport ne peuvent pas être indifféremment utilisés sur l'un ou l'autre réseau.

Informations – ✆ 213 500 115 - www.transporteslisboa.pt ou www.carris.pt (bus, tramways et funiculaires). Plans gratuits dans les offices de tourisme (*p. 120*).

Horaires – Bus et trams fonctionnent de 6h à 0h30 (0h pour les trams), ttes les 10 à 15mn jusqu'à 21h30. Un service de nuit est assuré de 0h30 à 5h30. Le dernier bus n° 736 (Cais do Sodré, Baixa, avenida da Liberdade, etc.) part à 0h. Les funiculaires s'arrêtent vers 21h ; celui de Gloria vers minuit et l'ascenseur de Santa Justa à 22h (23h en été). Le métro fonctionne de 6h30 à 1h du matin.

Titres de transport – Vous pouvez acheter des **tickets à l'unité** directement dans le tramway (2,85 €) ou dans le bus (1,80 €). Mais le plus avantageux est de se procurer une **carte 7 Colinas ou Viva Viagem**, carte magnétique rechargeable, en vente (0,50 €) dans les stations de métro, à la poste et dans certains kiosques. Vous opterez soit pour le **forfait 24h** (6 €), soit pour le **mode zapping**, porte-monnaie électronique rechargeable à volonté (de 2 à 15 € ; 20 € maximum). Le mode zapping, valable dans le métro, les bus, les trams et les funiculaires comme le forfait 24h, vous permettra aussi d'embarquer dans les bateaux assurant la traversée du Tage. Il est également utilisable dans les elevadores (Santa Justa, Bica...). Avec l'option zapping (tarifs dégressifs en fonction du montant chargé sur la carte), un trajet vous coûtera 1,25 € quel que soit le mode de transport choisi.

Lisboa Card – Pour un week-end à Lisbonne, et si vous avez l'intention de faire beaucoup de visites, la Lisboa Card peut s'avérer la plus intéressante (*p. 123*).

Eléctricos (tramways)

Les vieux tramways grinçants sont l'un des charmes incontournables de Lisbonne et une manière agréable de parcourir ses collines aux allures de montagnes russes. Sur certaines lignes, ils sont remplacés par des rames plus modernes et couvertes de publicités. Véloces et climatisés, ces modèles gagnent en confort ce qu'ils perdent en charme.

Sur les 17 lignes qui sillonnaient jadis la capitale, cinq restent en activité. Deux sont très appréciées des touristes :

n° 15E (Praça da Figueira/Algés) : permet de rejoindre les sites le long du Tage, depuis la praça do Comércio jusqu'à Belém : docks, musée Carris, musée de l'Orient, musée des Carrosses, Belém (monastère des Hiéronymites, monument des Découvertes, tour de Belém, etc.).

n° 28E (Martim Moniz/Campo Ourique-Prazeres) : quartier de Graça - église São Vicente de Fora – musée des Arts décoratifs - château São Jorge - Sé (cathédrale) - Baixa - musée du Chiado - largo do Chiado - rue São Bento - basilique d'Estrela.

Elevadores (funiculaires)

Tout aussi pittoresques que les tramways, les funiculaires sont des petits trains jaunes à crémaillère faisant office de remonte-pentes sur les collines. Elevador da Bica : R. de S. Paulo/Largo do Calhariz ; Elevador da Glória : Restauradores/São Pedro de Alcântara ; Elevador do Lavra : Largo da Anunciação/R. da Câmara Pestana ; Elevador de Santa Justa (*p. 39*) : R. de Santa Justa.

Métro

Propre, rapide et moderne, le réseau comprend quatre lignes : Azul (bleue : Santa Apolónia/Amadora Este), Amarela (jaune : Odivelas/Rato), Verde (verte : Cais do Sodré/Telheiras) et Vermelha (rouge : Aeroporto/São Sebastião). Depuis 1987, les stations ont été décorées d'azulejos, signés par des artistes célèbres (*p. 136*).

Autocarros (autobus)

Principales lignes : n° 781 (Prior Velho/Cais do Sodré) ; n° 783 (Portela/Amoreiras) ; n° 746 (Marquês Pombal/Damaia) ; n° 758 (Cais do Sodré/Sete Rios/Portas Benfica) ; n° 714 (Praça da Figueira/Outurela) pour rejoindre le museu de Arte Antigua et Belém ; n° 728 (Restelo/Portelas ; longe le Tage entre Bélem et le parc des Nations). *« Arriver à Lisbonne » p. 3 et plan des transports au dos du plan détachable.*

Comboios (trains)

Dans les proches environs de Lisbonne, Estoril, Cascais et Sintra sont facilement et rapidement accessibles en train.
« Arriver à Lisbonne » p. 3.
On peut les emprunter gratuitement avec la Lisboa Card (*p. 123*) ou pour le prix d'un ticket de métro avec la carte Viva Viagem.

VISITES GUIDÉES

En bus ou en tramway

YellowBus – *Praça do Comércio et Praça da Figueira - 213 478 030 - www.yellowbustours.com.*
Différentes formules : **Tagus Tour** en bus panoramique vers Belém (16 €) ; Olisipo **Tour** vers le Parc des Nations (16 €) ; **Hills Tramcar Tour**, en tramway ancien, *via* l'Alfama, le Chiado et le Bairro Alto (18 €). Rens. dans les offices de tourisme et sur www.yellowbustours.com.

Croisières sur le Tage

D'avril à octobre, plusieurs compagnies proposent des croisières au départ des stations fluviales de Terreiro do Paço (en face de la praça do Comércio), de Cais do Sodré, de Belém et d'Alcântara.
Transtejo – 213 500 115 - www.transtejo.pt - avr.-oct. Yellow Boat Tour, de Terreiro do Paço à Belém, *via* Cacilhas, sur la rive sud de l'estuaire (1h30 - 17 €).
Cruzeiro Tejo – 213 461 586 - http://cruzeirostejo.com. Différentes formules à bord de bateaux à moteur ou à voile.
Hippotrip – 211 922 030 - www.hippotrip.com. Balades en bus amphibie au départ des docks de Santo Amaro (15/25 €).

En tuk-tuk

Les triporteurs, qui ont envahi les rues de Lisbonne, connaissent un franc succès.
Eco Tuk Tours - 914 925 450 - www.ecotuktours.com. Circuits et balades à bord de triporteurs électriques.

Agenda culturel

RENDEZ-VOUS ANNUELS

Février-mars

▶**Mardi gras** – Carnaval avec son défilé dans la Baixa et ses nuées d'enfants déguisés, arpentant la ville en quête de sucreries (six jours, durant la période précédant le mercredi des Cendres).

Mars

▶**ModaLisboa** – Salon de la mode de Lisbonne, faire-valoir de la création portugaise sur la scène internationale. Rendez-vous bisannuel (mars et octobre). www.modalisboa.pt

▶**Jour du printemps** – Au Centre culturel de Belém (CCB), nombreux spectacles et concerts. www.ccb.pt

Mars-avril

▶**Semaine sainte** – Festivités religieuses, avec notamment une procession au Bairro Alto.

Avril

▶**Peixe em Lisboa** – Festival gastronomique autour du poisson qui se déroule Pátio da Galé (Terreiro do Paço). www.peixemlisboa.com

▶**Fête de la Liberté** – Défilés militaires et commémorations officielles marquant la chute du régime de Salazar, en 1974 (25 avril).

▶**Festas da Música** – Au Centre culturel de Belém (CCB), important festival de musique (23-25 avril). www.ccb.pt

▶**Festival In** – Pendant 4 jours, le parc des expositions du quartier d'Oriente devient la vitrine de l'innovation et de la créativité à Lisbonne. www.festivalin.pt.

Avril-mai

▶**IndieLisboa** – Grand festival du cinéma indépendant (fiction, animation, documentaires, courts-métrages...). www.indielisboa.com

Mai

▶**Estoril Jazz** – Concerts au casino d'Estoril. www.projazz.pt

▶**Festival internacional de Marionetas e Formas Animadas** – Spectacles, documentaires et expositions répartis pendant deux semaines entre le musée des Marionnettes (*p. 53*), le Centre culturel de Belém et les théâtres de la ville. http://fimfalx.blogspot.fr.

Mai-juin

▶**Foire du Livre** – En plein air, dans les allées du parc Eduardo VII, l'un des temps forts de la vie culturelle lisboète, et le plus grand événement littéraire portugais. http:// feiradolivrodelisboa.pt

Juin

▶**Fête nationale** – Le 10 juin, les Portugais fêtent le souvenir de la mort du poète Camões, en 1580.

▶**Festas dos Santos Populares** *(Fête des saints populaires)* – Du 12 au 29 juin, animations de rue dans les vieux quartiers (Alfama, Mouraria,

Bairro Alto). Défilés sur l'avenida da Liberdade *(marchas populares)*. Point d'orgue le 13 juin, avec la fête du saint patron de la ville, Santo António.

▶**Fête de la musique**. Concerts dans le Chiado et « marathon » de musique classique (21 juin).

Juin-juillet

▶**Festas da Cidade** *(Fêtes de Lisbonne)* – Les festivités suivant la Santo António se prolongent, avec de nombreuses manifestations dans divers lieux et dans les transports en commun, notamment la fête du Fado (vendredis et samedis de juin, au Castelo São Jorge ; jeudis et dimanches dans le tram 28). Spectacles en costumes médiévaux, dans le château São Jorge, soirées musicales. www.festasdelisboa.com

Juillet

▶**Festival international de théâtre de l'Almada** – Sur l'autre rive du Tage, face à Lisbonne. Première quinzaine de juillet. www.ctalmada.pt

Juillet-août

▶**FIARTIL, Foire internationale des artisans** – À Estoril, avec toutes les régions portugaises représentées, ainsi que des artisans du monde entier. www.estoril-portugal.com

Août

▶**Jazz em Agosto** – À la fondation Gulbenkian, avec des musiciens renommés et les dernières tendances du jazz contemporain. www.musica.gulbenkian.pt/jazz/

J. Arnold/hemis.fr

Fêtes de Santo António à Alfama.

Août-septembre

▶**Lisboa na Rua** – Concerts de musiques variées dans les rues et sur les places de la ville. www.lisboanarua.com.

Octobre

▶**Doclisboa** – Festival international du documentaire de Lisbonne (deuxième quinzaine d'octobre). Dans divers cinémas et musées de la ville, un programme de projections itinérantes qui varie selon les années. www.doclisboa.org.

▶**Lisboa Design Show** - Designers et stylistes à la Feira internacional de Lisboa (parc des Nations). http://lisboadesignshow.fil.pt.

Décembre

▶**Concerts de Noël** – Programme de musique sacrée dans les églises.

▶**Nuit de la Saint-Sylvestre** – Lisbonne fête la nouvelle année dans les fastes : concerts et animations dans toute la ville, et, bien sûr, feu d'artifice en face du fleuve. www.visitlisboa.com

BIENNALES

▶**EXD-ExperimentaDesign** – Une biennale consacrée au design, à l'architecture et à la culture contemporaine. La prochaine aura lieu en 2017. Les lieux investis sont habituellement fermés au public, comme d'anciens palais transformés en espaces d'expositions temporaires. www.experimentadesign.pt

▶**Rock in Rio** – Après l'édition 2015 à Rio de Janeiro, la grande fête rock sera de retour au parc da Belavista (à 5mn à pied du métro Bela Vista), avec de grosses pointures du rock. Dates à préciser. http://rockinriolisboa.sapo.pt

▶**Alkantara Festival** – Ce festival consacré aux arts performatifs (danse, théâtre, concerts...) investit différentes salles lisboètes une fois tous les deux ans. Prochaine édition en 2016. www.alkantarafestival.pt

EXPOS TEMPORAIRES

Il est préférable d'acheter ses billets à l'avance pour éviter d'interminables queues...

Expositions – Les sites Internet des principaux musées et fondations présentent les programmes à venir. Parmi eux :

- Musée de l'Orient (www.museudooriente.pt)
- Musée Berardo (www.museuberardo.com)
- Centre culturel de Belém (www.ccb.pt)
- Musée Calouste-Gulbenkian (www.gulbenkian.pt)
- Musée de la Mode et du Design (www.mude.pt)
- Musée du Chiado (www.museudochiado-ipmuseus.pt)
- Musée d'art ancien (http://mnaa.imc-ip.pt)

Fourmillant aussi d'informations, le calendrier (en français) de l'office de tourisme, **www.visitlisboa.com**.

Pour en savoir plus

Calçada portuguesa sur la praça Dom Pedro IV.
D. Hyniewska/age fotostock

Lisbonne en quelques dates

1200 av. J.-C. – Fondation du comptoir phénicien « Alissubo », future Lisbonne.
147-139 av. J.-C. – Invasion romaine.
711 – Début de la conquête musulmane.
1140 – Alphonse Henriques, premier roi du Portugal.
1250 – Fin de la Reconquête.
1256 – Lisbonne devient **capitale**.
1297 – Traité d'Alcanizes, fixant les frontières du Portugal.
1415 – Prise de Ceuta (Maroc). Début de l'**âge d'or** pour Lisbonne.
1418 – Découverte de Madère.
1427 – Découverte des Açores.
1488 – Bartolomeu Dias double le cap de Bonne-Espérance.
1498 – **Vasco de Gama** atteint les Indes.
1500 – P. Á. Cabral découvre le Brésil.
1580 – Philippe II d'Espagne, roi du Portugal.
1668 – L'Espagne reconnaît l'**indépendance du Portugal**.
1750 – Couronnement de Joseph Ier.
1755 – **Séisme** à Lisbonne. **Pombal** mène la reconstruction.
1807-1810 – Invasions napoléoniennes, exil de la Cour au Brésil.
1820 – Révolution libérale.
1822 – Indépendance du Brésil.
1834 – Marie II, reine du Portugal, début de la monarchie libérale.
1908 – Assassinat de Charles Ier et de son fils aîné.
1910 – Proclamation de la république.
1926 – Coup d'état militaire ; le général Carmona nommé président par la junte.
1932 – Salazar, président du Conseil.
1933 – Constitution de l'*Estado Novo*.
1949 – Le Portugal, membre fondateur de l'Otan.
1961 – Début des guerres coloniales.
1974 – **Révolution des Œillets**.
1975 – Indépendance du Cap-Vert, de l'Angola, du Mozambique et de São Tomé. Lisbonne doit accueillir des centaines de milliers de *retornados*.
1986 – Mário Soares, premier président de la République civil depuis 1926 ; le Portugal adhère à la CEE.
1994 – Lisbonne élue Capitale européenne de la culture.
1996 – Jorge Sampaio, président de la République.
1998 – **Expo'98** à Lisbonne.
1999 – Macao rétrocédé à la Chine.
2004 – José Manuel Barroso président de la Commission européenne.
2006 – Aníbal Cavaco Silva (Parti social-démocrate) président de la République.
2007 – Traité de Lisbonne.
2011 – Second mandat présidentiel de Cavaco Silva. Plan d'austérité drastique.
2015 – Élections législatives : le pays se dote d'un gouvernement né d'une coalition de partis de gauche, mené par le Premier ministre Antonio Costa.

Azulejos et calçada portuguesa

LES AZULEJOS

Toujours très utilisés en décoration, les azulejos, dont l'origine remonte au 15e s., constituent une sorte de peinture-tapisserie sur carreaux de faïence vernissée. Bien qu'ils soient en majorité bleu et blanc, leur nom ne viendrait pas de *azul* (bleu en portugais) mais plutôt de l'arabe *al zulaycha*, qui désigne un morceau de terre cuite et lisse.

À l'origine était l'Andalousie

S'ils font désormais partie du domaine architectural portugais, les premiers azulejos venaient d'Andalousie, où ils décoraient les palais. Ils sont introduits au Portugal par le roi Manuel Ier, qui, revenu ébloui par l'Alhambra de Grenade, fait décorer son palais de Sintra de ces riches carreaux. À partir du 16e s., l'Italien Francesco Nicoloso introduit la technique de la **majolique** (la terre cuite est recouverte d'une couche d'émail blanc sur laquelle se fixent les pigments). Les azulejos deviennent un support répandu, un format « standard » est adopté : le carreau fait 14 cm de côté. Des ateliers s'ouvrent à Lisbonne.

L'évolution stylistique

Vers le milieu du 16e s., l'**influence flamande** supplante les modèles espagnols avec des panneaux plus complexes utilisant des motifs comme la pointe de diamant (*Église de São Roque, p. 45*).
Au **17e s.**, sous la domination espagnole, le Portugal entre dans une période d'**austérité**. Pour décorer sans trop de frais les murs des églises, on utilise de simples carreaux monochromes disposés géométriquement. Ces compositions vont évoluer jusqu'à donner le style *tapete* (tapis), évoquant les tentures orientales, par leurs motifs géométriques ou floraux reproduits à partir des modules de 4, 16 ou 36 carreaux. La restauration des Portugais sur le trône est suivie d'un **essor créatif**. On revient aux panneaux figuratifs décrivant des scènes mythologiques ou des « singeries » caricaturant les scènes de mœurs contemporaines. Les jaunes et bleus traditionnels sont relevés par le vert du cuivre et le violet du manganèse. On peut en voir de très beaux exemples au palais des marquis de Fronteira (*p. 78*).
Le **18e s.** se divise schématiquement en deux périodes. Dans la première moitié, les azulejos sont presque exclusivement bleu et blanc ; cette mode vient des **porcelaines chinoises** mises au goût du jour par les Grandes Découvertes. La seconde moitié du 18e s. est marquée par le **style rocaille**. On revient à la polychromie : le jaune, le marron et

le violet dominent ; la peinture se fait plus fine. De beaux exemples de ce style se trouvent au palais national de Queluz, en particulier le long du canal (➜ p. 81).

Au **19e s.**, des Portugais partis faire fortune au Brésil reviennent dans leur pays et couvrent les murs extérieurs de leurs maisons d'azulejos. Cette pratique était courante au Brésil, où l'on protégeait ainsi les façades des fortes pluies tropicales. Petit à petit, des rues entières, des façades d'églises se couvrent de petits carreaux de faïence produits de façon industrielle. L'azulejo devient aussi l'un des principaux éléments de décoration des magasins, des marchés et des gares, avec des sujets se rapportant au commerce, aux traditions ou à l'histoire.

L'azulejo contemporain

Dans les années 1940 et 1950, l'azulejo retrouve un certain prestige. Parmi les artistes qui l'utilisent, citons Manuel Cargaleiro, Querubim Lapa, Rolando Sá Nogueira, Carlos Botelho et Maria Keil. Les azulejos, présentés sous forme de grandes fresques géométriques, de frises recouvrant surtout les façades, sont partie prenante de l'architecture générale et intégrés à elle. Pour l'Expo'98, l'Américain Ivan Chermayeff a conçu une grande fresque murale dans l'**Océanorium** du parc des Nations : composée d'azulejos de type industriel, elle figure de grands animaux marins traités numériquement.

Depuis 1987, la décoration en azulejos des stations du **métro lisboète** a été confiée à des artistes célèbres : Vieira da Silva pour celle de Cidade Universitária, Álvaro Siza Vieira pour celle de Baixa-Chiado, Menez pour celle de Marquês de Pombal, retraçant le 18e s. portugais. À la station Alto dos Moinhos, Júlio Pomar évoque la vie de trois célèbres poètes portugais – Luís de Camões, Fernando Pessoa et Bocage – et du peintre Almada Negreiros. Eduardo Nery, célèbre pour son art urbain, est l'auteur de la fresque de la station Campo Grande, où il fragmente l'image d'un homme et d'une femme, produisant un effet d'animation.

LA CALÇADA PORTUGUESA

Ils sont à vos pieds ! Il faudra baisser les yeux vers le sol pour découvrir la *calçada portuguesa* : constitués de petits cubes de calcaire blanc et de basalte noir, ces pavements composent une véritable marqueterie de pierre. Le répertoire des frises est inépuisable : figures marines, armes de la ville, symboles historiques, dessins géométriques et même parfois logos commerciaux. Disposés le long des trottoirs, sur les places et les belvédères comme sur le pas d'une porte, ils sont un peu le pendant horizontal des azulejos. La nuit, leur surface blanche et réfléchissante scintille. On les retrouve à Lisbonne et dans toutes les autres cités du pays, mais aussi à l'autre bout du monde, partout où les Portugais ont laissé trace de leur passage, du Brésil à Macao en passant par le Mozambique. Ce tapis de mosaïque est à lui seul une invitation à la marche. Mais gare à ne pas glisser par temps de pluie…

Fresque d'azulejos conçue par Ivan Chermayeff dans le hall de l'Oceanário

Architecture et urbanisme

UNE IDENTITÉ RÉELLE

Lisbonne s'étage en amphithéâtre sur **sept collines**, offrant ainsi des vues dégagées. Les constructions dépassent rarement quelques étages et, de partout ou presque, on voit le ciel sans même lever la tête : des perspectives surgissent, qui plongent vers le **Tage** ou surplombent les toitures. Pas facile pourtant de comprendre la physionomie de cette ville tout en dédales et en vallons. D'autant que le vieux Lisbonne compte peu de très grands monuments : on rencontre surtout des églises baroques et des édifices des 18e et 19e s. aux tons pastel ou recouverts d'azulejos. Il est donc plus aisé de se repérer par rapport au fleuve et en fonction du relief.
Lisbonne ne s'est pas coulée dans l'uniformisation urbaine, lot de bien des capitales européennes. C'est aussi l'ancien port d'attache des grands navigateurs qui conserve, avec fierté et nostalgie, le souvenir de ses épopées ultramarines et de ses lointaines colonies. On est donc loin du cliché tenace d'une architecture portugaise tenue pour quantité négligeable. Elle présente une véritable originalité. Ouverte à diverses influences – françaises, flamandes et italiennes, mais aussi orientales grâce aux découvertes maritimes –, elle s'est nourrie de toutes pour s'exprimer de manière unique.

ARCHITECTURE ROMANE ET GOTHIQUE

Le Portugal naît en 1140. L'architecture romane, qu'inspirent les ordres monastiques français de Cluny et Cîteaux, se propage alors le long des chemins de St-Jacques-de-Compostelle, et, au-delà, jusqu'au tout jeune royaume portugais, recroquevillé alors dans les provinces du nord. Là, le processus de reconquête coïncide avec une expansion religieuse et artistique qui s'exerce sous la bannière de l'art roman, lequel devient le symbole d'un royaume se construisant contre les Maures. La fin de la Reconquête, que marque la prise définitive de l'Algarve en 1249, signe la fin de l'architecture romane ; elle laisse en héritage quelque deux cents églises et monastères, localisés principalement dans le nord du pays.
L'art gothique se développe à la fin du 13e s. avec l'éclosion de grands monastères, dans les régions calcaires, parmi lesquelles Lisbonne. Le monastère d'Alcobaça (ancienne province d'Estremadura), reflet de l'ancienne abbaye de Clairvaux en France, a servi de modèle pour

le cloître cistercien (14e s.) de la cathédrale lisboète (*p. 28*).

LE STYLE MANUÉLIN

C'est la création la plus originale de l'architecture portugaise, une évolution tardive du gothique qui fait la transition avec la Renaissance. Le terme, inventé au 19e s., désigne le style exubérant qui s'épanouit à l'époque glorieuse et prospère des Grandes Découvertes, sous les règnes de Jean II, Manuel Ier et Jean III. Le manuélin concerne davantage la décoration que la structure des édifices, laquelle reste apparentée au gothique. Il puise son inspiration dans les motifs végétaux et animaliers, certains rapportés d'Asie et d'Extrême-Orient, ou bien dans l'univers de la marine. Les fenêtres, les portes, les rosaces, les balustrades se couvrent de sculptures représentant des feuilles de laurier, chardons, artichauts, troncs de palmiers, coraux, algues, chaînes, cordages, écailles... Ce style est l'œuvre de quatre grands maîtres, dont les travaux s'échelonnent de 1490 à 1547. On doit à **Diego Boytac**, d'origine française, le grand monastère des Hiéronymites, à Belém (*p. 63*), qui commémore la découverte de la route maritime des Indes orientales. C'est sans doute l'une de ses plus grandes œuvres. Le cloître, notamment, est considéré comme le plus beau du monde. Les autres figures de l'architecture manuéline sont **Mateus Fernandes** (il a accompli toute sa carrière à Batalha), **Diego de Arruda** (l'artiste le plus original de cette période fastueuse, à qui l'on doit, entre autres, le couvent du Christ à Tomar) et enfin, son frère, **Francisco de Arruda** (un architecte militaire qui édifia notamment la tour de Belém, *p. 66*).

LA RENAISSANCE

La Renaissance conserve au Portugal ses traits essentiels, venus d'Italie et de France. Elle s'épanouit dans la sculpture, sous l'impulsion d'artistes français. Parmi eux, dans son style resté fidèle aux principes de la Renaissance italienne, Nicolas Chanterene se charge de la décoration du portail ouest du monastère des Hiéronymites à Belém (*p. 63*), avant de devenir le principal sculpteur de l'école de Coimbra.

L'ART BAROQUE

Le style baroque doit son nom au mot portugais *barroco*, qui désigne une perle irrégulière. Il correspond, dans le domaine de l'art, à l'esprit de la Contre-Réforme qui, aux 16e et 17e s., pour combattre les hérésies, oppose à l'austérité protestante les séductions d'un art fastueux et populaire au service de la foi catholique. Dès la fin du 18e s., les façades s'animent de festons, de figures d'anges et de jeux de courbes. João Antunes prône l'adoption du plan octogonal pour les édifices religieux (*Église de Santa Engrácia, p. 36*). Mais le véritable baroque portugais s'est surtout développé dans le nord du pays, à Braga et à Porto.

LE STYLE POMBALIN

Il est né d'une catastrophe, le terrible séisme de 1755. Les travaux de reconstruction furent alors rapidement entrepris. La Baixa (la « ville basse », aussi surnommée « centre pombalin »), fut édifiée suivant un plan en damier imposé par le **marquis de Pombal**, Premier ministre de l'époque, l'un des rares à avoir gardé son sang-froid face à la tragédie. Il appliqua à l'urbanisme les théories rationalistes des Lumières, dont la Baixa garde aujourd'hui les traces : quartier allongé en rectangle entre deux grandes places, bâtiments réguliers de style classique impeccablement alignés, larges avenues rectilignes, implantation de corporations (les ruelles ont conservé leurs noms)... Avec son indéniable majesté, la Baixa fut longtemps l'une des vitrines de l'urbanisme dans l'Europe des Lumières. La récente réhabilitation du quartier (2013) met en valeur sa proximité avec le Tage.

LE RENOUVEAU

Il aura fallu attendre la fin du 20e s. pour qu'une opération de grande envergure modifie de nouveau sensiblement le visage de la cité, une première depuis la construction de la Baixa pombaline au 18e s. ! Cap sur l'est de la capitale, vers le **parc des Nations**, entièrement réaménagé depuis 1998. Cette fois, il ne s'agissait pas de parer aux dégâts d'un séisme, mais de tenir le rang de ville d'accueil de l'exposition universelle, « l'Expo'98 », qui célébrait l'ouverture de la route maritime des Indes par Vasco de Gama. Le parc des Nations désigne la zone réaménagée pour l'occasion, 340 ha en bordure du Tage, un ancien site industriel très pollué et jusque-là négligé. Le quartier poursuit depuis tant bien que mal son développement. Des immeubles résidentiels continuent d'être construits et les pavillons édifiés pour l'Expo'98 accueillent désormais foires, spectacles et congrès (*p. 60*). Le site, qui abrite également le vaste centre commercial Vasco-de-Gama, est devenu un lieu de promenade et de loisirs apprécié des familles et des jeunes Lisboètes le week-end.

Lisbonne a mené sa rénovation tambour battant. Après l'inauguration du **pont Vasco-de-Gama** (1998), le plus long d'Europe (18 km), la rénovation du **quartier des docks**, toujours en cours, elle a vu la construction du stade de la Luz (2003), et grues et échafaudages sont restés omniprésents dans la ville durant une bonne dizaine d'années.

Et pourtant, on constate encore l'état de délabrement du patrimoine architectural de la vieille ville, ces immeubles aux entrées murées ou aux façades menaçant de s'effondrer. On accuse volontiers certains loyers bloqués depuis des années, ce qui découragerait les propriétaires d'entreprendre des travaux de rénovation, le mauvais entretien de la voirie et une politique un peu anarchique en matière d'urbanisme. Ce qui est sûr, c'est que la crise économique n'arrange rien.

Le pont Vasco-de-Gama.

Le Tage, « la mer de Paille »

L'HISTOIRE NÉE DU FLEUVE

On l'appelle « la mer de Paille » en raison de ses reflets mordorés, le soir, au coucher du soleil. C'est dire si le Tage donne du cachet à Lisbonne. Les collines ménagent des panoramas à couper le souffle sur le fleuve. Mais c'est dans les manuels d'histoire que l'on comprend toute l'importance du fleuve par rapport à la ville. Sur les quais de **Belém** s'est noué le fabuleux destin de la capitale portugaise tout au long des 15e et 16e s. Ce quartier vert et spacieux, où il fait aujourd'hui bon flâner, fut le port d'attache des caravelles qui se lançaient sur des mers inconnues. À leur bord, les **grands navigateurs** qui ont fait du Portugal, pendant plus d'un siècle, la nation la plus puissante du monde. Belém a gardé les marques des Grandes Découvertes, avec une série de monuments et de musées évoquant ce passé prestigieux (*p. 63*).

UN PORT DYNAMIQUE

Le Tage a légué une riche histoire à Lisbonne. Il assure aujourd'hui une partie de sa vitalité économique. Le fleuve offre aux bateaux et grands navires une halte tranquille, sécurisée, qui fait de Lisbonne l'un des grands ports européens (10 millions de tonnes, 500 000 passagers par an). Le dynamisme économique remonte le long du fleuve, sur ses deux rives, jusqu'à Alcochète (au nord-est de Lisbonne, sur la rive opposée), l'une des plus importantes réserves naturelles en Europe, où nichent de nombreux oiseaux migrateurs. L'estuaire du Tage, le plus grand d'Europe, s'étend ici sur 11 km de large.

LE NOUVEAU TAGE

Symbole historique et économique, le Tage donne aussi à voir le renouveau de Lisbonne. La « movida lisboète » se joue le long de ses quais. De nombreuses réalisations récentes émaillent ses berges : le centre culturel de Belém, le musée d'Orient à Alcântara, les docks de Santo Amaro et d'Alcântara, le parc des Nations construit sur d'anciennes friches portuaires à l'occasion de l'Expo'98, les nouveaux lieux alternatifs qui jalonnent les rives (*LX Factory, p. 56*), la réhabilitation du quartier anciennement sulfureux de Cais do Sodré, l'aménagement de la promenade Ribeira das Naus menant à la praça do Comércio également restaurée... Lisbonne, née de son fleuve, dessine aujourd'hui son renouveau sur ses rives.

Une société en mutation

L'« européanisation » a entraîné d'importants changements sociaux et de nouveaux modes de vie à Lisbonne. On y retrouve aujourd'hui des habitudes de consommation et des problématiques sociales similaires à celles des autres grandes villes européennes. Toutefois, Lisbonne conserve une identité et un rythme particuliers et a su demeurer une ville de « villages », dont les habitants entretiennent encore des relations de proximité et d'entraide.

UNE ÉCONOMIE FRAGILE

Dans les années 1970, Lisbonne comme l'ensemble du Portugal semblait figé dans le temps, du fait de quarante ans de dictature. Avec l'entrée dans la CEE, le développement économique s'est effectué à grande vitesse. Le pays a notamment connu une croissance de plus de 4 % par an entre 1996 et 2000. Cependant, les salaires restent bas et, malgré l'augmentation globale du niveau de vie, de nombreux Lisboètes éprouvent des difficultés face à la hausse du coût de la vie. Le pays a en outre été l'un des plus durement touchés par la crise de 2008. En 2011, le premier ministre José Sócrates a dû faire appel à l'aide internationale (UE et FMI), qui a abouti à un plan de sauvetage ; mais cela ne va pas sans la mise en place de plusieurs plans d'austérité, encore alourdis en 2013 par de nouvelles coupes budgétaires et de nouvelles hausses des taxes et des impôts.

L'INVERSION DES FLUX MIGRATOIRES

Traditionnelle terre d'émigration, le Portugal est devenu la patrie de nombreux immigrés, notamment originaires d'Europe centrale et orientale. À Lisbonne, ces derniers ont notamment été embauchés dans le secteur du BTP, en plein boom lors de la politique de grands projets (*p. 140*). Ils ont ainsi rejoint les communautés historiques de la capitale, originaires des pays et comptoirs de l'ancien Empire portugais : Brésiliens, Cap-Verdiens, Angolais, Chinois, Indiens... La tendance s'inverse depuis la crise, qui pousse les Portugais (plus de 120 000 en 2012) à chercher du travail dans d'autres pays d'Europe, en Angola ou au Brésil.

LE POIDS DE LA RELIGION

Laïc depuis 1976, le Portugal n'en demeure pas moins un pays de tradition catholique. Depuis quelques années, la fréquentation des messes dominicales est à la baisse à Lisbonne comme dans les autres villes du pays. Les fêtes religieuses restent toutefois très importantes, et certains sujets sensibles. Les mentalités évoluent-elles moins vite pour autant ? Certes, il aura fallu attendre 2007 pour obtenir la dépénalisation de l'avortement ; mais en 2010, le Portugal était dans le peloton de tête des pays européens à autoriser le mariage homosexuel.

Art contemporain, mode et design

L'ART NOUVELLE GÉNÉRATION

Signe fort de l'actuelle créativité, Lisbonne compte un nombre considérable de galeries d'art. Parmi les artistes qui ont marqué l'époque, **Julião Sarmento**, qui explore depuis 1974 les ressorts et la manifestation du désir, questionne la divergence entre expérience et mémoire. Il utilise plusieurs techniques : peinture, photographie, sculpture et vidéo. Hanté par l'architecture, **Pedro Cabrita Reis** crée à partir de matériaux de récupération des édifices conçus comme des « réceptacles de mémoire ». Il a représenté le Portugal à la Biennale de Venise en 2003. **Rui Chafes** est l'auteur de sculptures austères, entre gris et noir, qui inspirent le recueillement.

CAPITALE DE LA MODE

Chaque année depuis 1991, en avril et octobre, **ModaLisboa** *(p. 128)* hisse la cité portugaise au rang des capitales de la haute couture. La manifestation permet aussi aux créateurs portugais déjà reconnus dans leur pays d'acquérir une crédibilité internationale. Figure incontournable de la mode portugaise, la pionnière **Ana Salazar** a ouvert son premier atelier à Lisbonne en 1974, l'année de la révolution des Œillets. Dans les années 1980, ses collections présentent le Portugal sur les podiums les plus prestigieux, et ses vêtements sont commercialisés dans le monde entier. Parmi les autres stylistes portugais consacrés sur la scène internationale : **José Antonio Tenente** (qui a débuté chez Ana Salazar), **Fátima Lopes** (aussi diversifiée que son illustre aînée), **Maria Gambina** (autre valeur déjà très sûre de la mode lisboète), **Felipe Oliveira Baptista** (directeur artistique de Lacoste depuis 2010)… Le Bairro Alto *(p. 45)* constitue le repaire des futurs talents de la mode lisboète, qui y ouvrent souvent leurs premières boutiques.

UN DESIGN DYNAMIQUE

Ultime preuve de la vitalité lisboète, le design portugais est florissant. Santos, près du Tage, est devenu le quartier du design avec ses écoles et ses commerces dédiés. Même le McDonald's est ici très looké ! Outre les nombreuses boutiques spécialisées *(« Nos adresses/ Shopping », p. 102)*, les passionnés de design ne manqueront pas le **musée du Design et de la Mode** (MUDE) *(p. 20)*, qui a ouvert ses portes dans la Baixa en 2009.

Le MUDE, musée du Design et de la Mode, dans le quartier de la Baixa.

MUDE
MUSEU
DESIGN
MODA

Poésie, littérature et cinéma

À L'ORIGINE, DES POÈTES

Le Portugal entre dans la littérature à la fin du 12e s. avec la poésie des troubadours, influencée par le lyrisme provençal. La Renaissance introduit l'humanisme et un renouveau de la poésie et de l'art dramatique. La grande figure de cette époque reste **Luís de Camões** (1524-1580). Dans sa vaste fresque des *Lusiades* (1572), le poète épique retrace l'épopée de Vasco de Gama à la manière de *L'Odyssée*. Il devient ainsi le chantre des Grandes Découvertes, après une vie aventureuse qui l'a mené en Afrique et en Asie.

Au 17e s., durant les soixante années de domination espagnole, la préciosité baroque triomphe. Le Siècle des lumières (18e s.) a ses représentants au Portugal parmi les philosophes. Au 19e s., c'est le romantisme qui s'installe.

ET PUIS VINT PESSOA

Presque inconnu à sa mort, **Fernando Pessoa** (1888-1935) est considéré aujourd'hui comme le plus grand écrivain portugais depuis la Renaissance. Après la révolution de 1974 et plus encore dans les années 1980, parallèlement à la redécouverte de Pessoa, la littérature portugaise connaît un renouveau, notamment avec les écrivains António Lobo Antunes (né en 1942) et **José Saramago** (1922-2010). À travers ses romans, ce dernier brasse les grands mythes de l'histoire du Portugal ; son œuvre est couronnée par le prix Nobel en 1998. Depuis le début des années 1980, de nombreux écrivains portugais sont traduits en français, mais il reste beaucoup à faire en ce domaine.

UN CINÉMA ORIGINAL

Dans les années 1930 et 1940, le cinéma portugais s'épanouit autour de thèmes populaires, de films ruraux ou de comédies de mœurs. Puis l'idéologie salazariste prime avec le réalisateur « officiel » António Lopes Ribeiro. En rupture avec la dictature émerge le « Cinema Novo », équivalent de la Nouvelle Vague française. Mais le cinéma portugais doit sa renommée internationale, à partir des années 1980, à l'œuvre considérable de **Manoel de Oliveira**, (1908-2015), qui s'inspire largement de la littérature. La jeune génération perpétue aujourd'hui la tradition de ce cinéma d'auteur indépendant. Aujourd'hui, tous les regards se tournent vers **Miguel Gomes**, encensé en 2012 par la critique pour *Tabou*, puis en 2015 pour son ambitieux triptyque, *Les Mille et Une Nuits*.

Les grands personnages

SAINT ANTOINE

Plus connu sous le nom de saint Antoine de Padoue, Fernando de Bulhões (1195-1231) n'était pas italien mais bel et bien portugais, né à Lisbonne. C'est d'ailleurs le saint patron de la ville, célébré avec ferveur le 13 juin, jour férié à Lisbonne (*encadré p. 30*).

VASCO DE GAMA

Né en 1469 à Sines, le célèbre navigateur portugais, parti du quartier de Belém à Lisbonne en 1498, fut le premier Européen à atteindre les Indes par la mer, en contournant le cap de Bonne-Espérance. Fils d'un noble portugais, il sera nommé vice-roi des Indes peu de temps avant sa mort, en 1524, à Cochin, au sud-ouest de l'Inde.

LE MARQUIS DE POMBAL

Premier ministre du roi Joseph Ier, ce despote éclairé (1699-1782) mène le pays d'une main de fer, renforce le pouvoir royal, relève les finances et reconstruit Lisbonne après le séisme de 1755. Révolutionnaire pour l'époque, l'architecture pombaline se base sur un urbanisme fonctionnel et uniforme (*p. 140*).

CALOUSTE GULBENKIAN

Arménien né à Istanbul (1869-1955), ce richissime philanthrope, grand amateur d'art, devient lisboète à partir de 1942. En quarante ans, il réunit une collection remarquable et éclectique. Il a fait don au Portugal de son immense fortune? qui servit à créer la fondation Calouste-Gulbenkian (*p. 74*).

FERNANDO PESSOA

Génie complexe et précurseur, ce modeste employé de bureau lisboète (1888-1935) a renouvelé la poésie portugaise. On lui doit aussi *Le Livre de l'intranquillité*, chef-d'œuvre de la littérature mondiale, livre inclassable en forme de recueil d'aphorismes et de réflexions. Publiés plus de quarante ans après sa mort, ces feuillets retrouvés presque par hasard au fond d'une malle vont marquer un tournant dans la littérature portugaise des années 1980 (*p. 146 et Casa Fernando Pessoa, p. 50*).

AMÁLIA RODRIGUES

La reine du fado (1920-1999) a porté la gloire de ce chant au-delà du Portugal. Tout en respectant les racines du fado, elle a su innover en faisant appel aux grands poètes, notamment Pessoa. Accusée d'accointances avec le pouvoir salazariste, elle est mise à l'écart mais revient vite sur le devant de la scène. En 1999, ses funérailles sont nationales. L'hommage est unanime. Sa maison a été transformée en musée, selon son souhait (*p. 53*).

Le fado

LE DESTIN D'UNE MUSIQUE

Mélopée dérivée des poésies chantées par les troubadours du Moyen Âge, chant d'origine mauresque ou afro-brésilienne, les hypothèses ne manquent pas sur les origines du fado. Il apparaît au Portugal à la fin du 18e s. dans le quartier populaire lisboète de la **Mouraria**, et se développe au début du 19e s. dans une période agitée par les guerres napoléoniennes et l'indépendance du Brésil. Ces circonstances expliqueraient le succès de ce chant triste, dont les principaux thèmes évoquent les fluctuations du destin. Son nom viendrait d'ailleurs du latin *fatum*, « destin ».

POPULAIRE DEPUIS 1820

Le fado acquiert sa popularité à Lisbonne dès 1820, avec la chanteuse **Maria Severa**. En 1833 s'ouvrent les premières maisons de fado. À partir de 1870, les aristocrates l'adoptent. À la fin du 19e s., le fado devient un genre littéraire et les grands poètes et écrivains du moment s'y essaient. Au début du 20e s., le fado sert de support aux luttes idéologiques. **Amália Rodrigues** (*p. 147*) avec une voix incomparable et un choix de textes de qualité, lui fait dépasser les frontières. Considérée comme la plus grande interprète de ce style, elle a conféré au fado une gloire internationale telle qu'il est devenu le symbole du Portugal et de sa *saudade*.

Ces dernières années, le fado a trouvé un nouveau souffle à travers des artistes qui utilisent, exclusivement ou ponctuellement, ce style : Camané, Filipa Pais, Marta Dias, Mísia, Paulo Bragança, Sofia Varela, Mariza, Bevinda (qui chante le « fado de Paris »), Cristina Branco, et la chanteuse du célèbre groupe Madredeus, Teresa Salgueiro. La relève se renouvelle avec Katia Guerreiro, Anna Moura ou encore António Zambujo.

OÙ L'ÉCOUTER

À Lisbonne, des spectacles de fado sont donnés tous les soirs dans les quartiers de l'Alfama et du Bairro Alto. Rançon d'un succès international, nombre de maisons de fado sont devenues extrêmement touristiques et le chant y perd de son âme. Aussi la frontière est-elle désormais assez floue entre un fado authentique et sa version frelatée, servie entre poire et fromage au cours d'un dîner-spectacle de cabaret. La bonne solution ? Se rendre dans les maisons de fado après le dîner, vers 22h, pour écouter les musiciens en buvant simplement un verre.

Museu do Fado (p. 27), Casa-Museu Amália Rodrigues (p. 53), « Nos adresses/Sortir » (p. 108).

Fresque « Fado Vadio », le long des Escadinhas de São Cristóvão, dans le quartier de la Mouraria.

Maria Severa
Fado
VADIO

La tourada

UNE CORRIDA, OUI MAIS...

Très populaire à Lisbonne, comme dans tout le Portugal, la *tourada* est la corrida équestre traditionnelle. Le taureau portugais, à la différence de son voisin espagnol, n'est pas achevé d'un coup d'épée en fin de spectacle. Il quitte l'arène avec sa queue et ses oreilles. Sursis de courte durée toutefois : très affaibli par ses blessures, l'animal est d'ordinaire abattu dès le lendemain. Il lui arrive parfois de finir sa vie comme reproducteur. Dans presque toutes les villes du pays, et notamment à Lisbonne, il y a des *praças de touros* (*p. 76*). Ces arènes circulaires accueillent, de Pâques à fin septembre, les *touradas*. Ces spectacles très enlevés sont appréciés des Portugais, qui y voient une démonstration d'adresse, d'élégance et de courage.

EN SELLE

Autre divergence profonde entre corrida et *tourada* : alors que le torero espagnol affronte le taureau à pied, au Portugal, c'est un *cavaleiro* qui descend dans l'arène. Cavalier émérite, ne faisant qu'un avec son cheval, il tourne, virevolte autour du taureau, le frôle pour parvenir à planter des banderilles *(farpas)* sur son encolure. Le cheval, remarquablement dressé, provoque la charge, puis à l'ultime seconde, l'esquive. L'art équestre est ici porté à son sommet. Le *cavaleiro* change généralement de monture après trois banderilles, le taureau en recevant six ou neuf selon sa vigueur. Le *cavaleiro* est assisté des *toureiros*, à pied, qui déplacent le taureau à l'aide de capes, si nécessaire. Après le *cavaleiro* vient le tour des huit *forcados* (« porteurs de fourches », dont ils étaient armés jadis), qui affrontent le taureau à mains nues. L'un d'eux se poste face à l'animal, les autres se tenant derrière lui, en soutien. Quand la bête se rue sur le *forcado* qui la nargue, ce dernier, sans dévier, encaisse le choc et saisit son cou en passant les bras entre les cornes. Aussitôt, ses compères l'aident à immobiliser le taureau. La mission accomplie, tous ressortent pendant qu'un *forcado* tient le taureau par la queue. Cette seconde partie de la *tourada* se conclut par l'irruption dans l'arène de quelques vaches qui incitent le taureau à rentrer au toril.

UN COSTUME D'ARISTOCRATE

Le costume du *cavaleiro* date du 15e s. Le gilet, confectionné en soie ou en velours, est brodé de fils d'or. La longue veste est cintrée, ornée de dentelles aux poignets. En guise de chapeau, le *cavaleiro* arbore un tricorne emplumé. Tant d'élégance rappelle qu'à l'origine, la *tourada* fut créée par les nobles pour s'exercer à la guerre, en recourant au cheval lusitanien, connu depuis toujours pour sa dextérité et son intelligence.

Le football

UNE PASSION NATIONALE

Le rectangle que forme le Portugal à l'extrémité de l'Europe ressemble à un terrain de football : signe évident d'une prédestination ! Plus sérieusement, le *futebol* est sans conteste le sport national du Portugal. Des joueurs comme Luís Figo, Pauleta ou aujourd'hui le talentueux Cristiano Ronaldo ont été ou sont des stars de renommée mondiale. Les jours de match du championnat national, ou lors des rencontres internationales, les cafés se remplissent et les drapeaux apparaissent aux balcons, surtout si la compétition concerne l'équipe nationale ou l'une des équipes des trois clubs les plus fameux du pays *(voir ci-dessous)*.

DES CLUBS DE RENOM

Ce qui se transmet surtout de génération en génération, un peu comme la religion ou la politique, c'est l'attachement à un club. En fait, les Portugais affichent plus d'intérêt pour les clubs que pour les *quinas*, l'expression désignant l'équipe nationale (les *quinas* sont aussi les cinq écus qui ornent le drapeau portugais). Trois clubs sont incontournables : le **Benfica** (une « institution » lisboète née en 1904, ayant remporté le plus grand nombre de titres) ; le **Sporting Clube de Portugal** (les verts ou « lions d´Alvalade », le berceau de grands joueurs portugais) ; le **FC Porto** (né en 1893, qui a dominé les championnats nationaux de la dernière décennie).

LE BEL EURO 2004

2004 : l'année magique du football portugais. L'ambition affichée était de gagner l'Euro, la plus grande manifestation sportive jamais organisée dans le pays. Hélas, le Portugal a perdu la finale. Reste la fierté d'avoir vu jouer une belle et courageuse *selecção*. Le titre de vice-champion d'Europe est à ranger dans le livre des souvenirs, aux côtés de la troisième place remportée lors de la Coupe du monde 1966. Reste aussi la satisfaction d'avoir parfaitement préparé une compétition qui nécessita la construction de stades, de routes et d'autoroutes. Cinq nouveaux stades ont été construits, et certains d'entre eux dessinés par de grands noms de l'architecture portugaise. Cinq autres ont été remis à niveau, dont les trois plus grands clubs du pays. Reste enfin le contentement d'avoir reçu sans incidents près de 3 millions de visiteurs (le pays compte 10,5 millions d'habitants !). Incontestablement, l'événement n'était pas qu'une affaire de ballon rond.
Depuis, l'équipe de Cristiano Ronaldo, sortie dès le premier tour du Mondial 2014 au Brésil, collectionne les échecs...

La gastronomie

MORDUS DE MORUE

À la seule évocation de la cuisine portugaise, on pense aussitôt à la morue *(bacalhau)*, qui occupe une place particulière dans l'histoire du pays. Pour les Portugais, qui la surnomment « l'amie fidèle », elle est l'aliment populaire par excellence, le plat traditionnel de Noël, la friandise omniprésente sous forme de beignets *(pasteis)*... Mais la cuisine portugaise, qui fait une grande place à l'huile d'olive et à l'ail, ainsi qu'à de nombreux aromates (romarin, laurier, coriandre, etc.), sait accommoder bien d'autres **poissons**. Sardines grillées, lamproies, lottes, saumons du Minho, aloses du Tage et thons de l'Algarve se retrouvent dans l'assiette, aux côtés des **fruits de mer** *(mariscos)* et des poulpes, qui abondent. Au final, le Portugal affiche une belle consommation de poisson par habitant : 70 kg par an, contre 23 kg en moyenne en Europe !

LA VIANDE AUSSI

Le **porc** est accommodé et préparé de multiples façons : rôti, en ragoût, en saucisses de langue fumée *(linguiça)*, en filets fumés *(paio)*, en jambon fumé *(presunto)*. Accompagné de haricots rouges ou blancs, de chou et de saucisson fumé *(chouriço)*, le jambon devient un des composants de la **feijoada**. La viande de porc à l'alentejane – *carne de porco à alentejana* – est marinée dans le vin et préparée avec des praires *(amêijoas)* ou des pommes de terre *(carne de porco à portuguesa)*. Le **bœuf** apparaît souvent sous forme de steak, comme le *bife a cavalo* (steak surmonté d'un œuf frit, « à cheval »). On fait aussi, plus rarement, rôtir à la broche cabris et agneaux.

FROMAGES ET DESSERTS

S'il n'est pas le pays du fromage, le Portugal compte assez de variétés pour faire hésiter en fin de repas. Les fromages à base de lait de vache, brebis, chèvre et les petits fromages blancs sont les plus répandus. Une chance pour les becs sucrés, le Portugal compte un nombre infini de gâteaux, presque tous à base d'œufs, hérités de vieilles recettes conventuelles, comme le **toucinho-do-céu** (lard du ciel), les **barrigas de freira** (ventres de nonnes) et les **queijadas de Sintra**, aux amandes et fromage de brebis frais. Le **pudim flan**, sorte de crème renversée, a sa place dans la plupart des menus. Avec les mêmes ingrédients, on obtient le **leite-creme**, plus crémeux. L'**arroz doce** (riz au lait), saupoudré de cannelle, est souvent réservé aux repas de fête. Sans oublier, évidemment, le célèbre et délicieux **pastel de nata** (« pastéis de nata » au pluriel) : un flan, dans une pâte feuilletée, saupoudré de cannelle qui accompagne en général le café *(bica)*.

Le vin

BIEN ENRACINÉ

Dixième producteur mondial de vin avec 5,9 millions d'hectolitres par an, le Portugal possède une gamme très riche de crus. Contrairement à d'autres vins du monde, les vins portugais n'ont pas cédé aux sirènes de la mondialisation et ont su garder leur goût traditionnel, ce qui fait leur charme et leur qualité, à des prix abordables. Lisbonne n'est pas au cœur d'une zone de production mais vous pourrez y découvrir, au gré de vos repas, un échantillon de la diversité viticole portugaise.

UNE SEULE STAR, LE PORTO

C'est le plus célèbre, celui qui a valu au vignoble portugais sa réputation internationale. Ne confondez pas : la ville de Porto n'abrite que des maisons de négoce. Le vignoble proprement dit se trouve en amont, accroché à des pentes abruptes façonnées au fil des siècles, au prix d'un colossal labeur. Les hommes ont sculpté la montagne de granit et de schiste en minces terrasses consolidées par des murets pour y planter la vigne. Ce faisant, ils ont transformé la vallée du Douro en un paysage grandiose, classé au patrimoine de l'Humanité par l'Unesco. Les Anglais sont à l'origine de ce chef-d'œuvre : ils ont découvert, dans la seconde moitié du 17ᵉ s., le vin de table rouge et sec des versants de la vallée du Douro et l'ont transformé en porto. Ils possèdent toujours de vastes domaines viticoles, dans cette région qui fut, en 1756, la première au monde à être strictement délimitée. Trois siècles plus tard, la France, gros consommateur, importe 28 % de la production.

ET BIEN D'AUTRES...

Plusieurs régions produisent des vins intéressants. Dix-neuf d'entre eux ont même droit à la *Denominação de Origem Controlada* (DOC, l'équivalent de l'AOC française). Viennent s'ajouter les vins d'*Indicação de Proveniência Regulamentada* (IPR), de qualité inférieure, ainsi que des appellations régionales ou vins de pays. L'un des plus célèbres, produit dans le nord du pays, est le **vinho verde** (vin vert), à faible teneur alcoolique (8 à 11,5°), léger, pétillant, fruité, un peu acidulé même. Parmi les différentes régions vinicoles du Portugal se distingue le **Douro**, dont les vins sont considérés comme les meilleurs du pays. Des vignobles produisant également des rouges réputés émaillent la région **Centre** (Bairrada, Dão et Lafões) et l'**Alentejo** (Reguengos, Redondo, Borba, etc.), terre de vins puissants et charpentés. L'Algarve est en progrès constant, de même que la région de Setúbal, dont sont issus des crus racés et des blancs subtils.

E-F

G

H

I-J

L

M-N

O-P-Q

R

S

T

U-V

Collection Le Guide Vert sous la responsabilité de Philippe Orain

Édition	Camille Bouvet
Rédaction	Célia Bénisty, Philippe Bourget, Jean-Moïse Braitberg, Séverine Cachat, Tiphaine Cariou, Françoise Dupont, Denis Feugeas, Michel Fonovich, Alexandra Forterre, Serge Guillot, Guylaine Idoux, Emmanuelle Lepetit, Valérie Minet, Marie Perchat, Jérôme Saglio
Cartographie	Thierry Lemasson, Géraldine Deplante, Denis Rasse, Daniel Duguay Plans de ville : © MICHELIN et © 2006-2015 TomTom. All rights reserved. This material is propritary and the subject of copyright protection, database right protection and other intellectual property rights owned by TomTom or its suppliers. The use of this material is subject to the terms of a license agreement. Any unauthorized copying or disclosure of this material will lead to criminal and civil liabilities.
Relecture	Hélène Jovignot
Remerciements	Didier Broussard, Maria Gaspar (iconographe)
Conception graphique	Laurent Muller (couverture et maquette intérieure)
Régie publicitaire et partenariats	business-solutions@tp.michelin.com *Le contenu des pages de publicité insérées dans ce guide n'engage que la responsabilité des annonceurs.*
Contacts	Michelin Guides Touristiques 27 cours de l'Île-Seguin, 92100 Boulogne-Billancourt Service consommateurs : tourisme@tp.michelin.com Boutique en ligne : www.michelin-boutique.com

Parution 2016

Crédits photographiques p. 4-5
(de gauche à droite et de haut en bas)

K. Welsh/Photolibrary RM/Getty Images
M. Borgese/hemis.fr
Holger Leue/Look/Photononstop
Ph. Renault/hemis.fr
M. Abreu/John Warburton-Lee/Photononstop
lite_2046/iStock
J. C. Muñoz/age fotostock
StockPhotosArt/iStock
M. Borgese/hemis.fr
R. Mattes/hemis.fr

Michelin Travel Partner
Société par actions simplifiées au capital de 11 288 880 EUR
27 Cours de l'Ile Seguin - 92100 Boulogne Billancourt (France)
R.C.S. Nanterre 433 677 721

Dépôt légal : 01-2016 – ISSN 0293-9436
Compograveur : Michelin Travel Partner, Boulogne-Billancourt
Imprimeur : IME, Baume-les-Dames
Imprimé en France : 12-2015

Usine certifiée 14001
Sur du papier issu de forêts gérées durablement (100 % PEFC)

Comprendre les symboles du guide

★★★ Vaut le voyage ★★ Mérite un détour ★ Intéressant

Hôtels et restaurants

9 ch.	Nombre de chambres
bc	Menu boisson comprise
CC	Paiement par cartes de crédit
	Cartes de crédit non acceptées
	Air conditionné dans les chambres
	Restaurant dans l'hôtel
	Établissement servant de l'alcool
	Piscine

Symboles dans le texte

	Pour approfondir
	Facilité d'accès pour les handicapés
	Astuce, conseil
	Adresse coup de cœur
A2 B	Repère sur le plan

Cartes et Plans

MONUMENTS ET SITES

	Église
	Temple
	Synagogue
	Mosquée
	Calvaire - Fontaine
	Rempart - Tour - Porte
	Vue
	Table d'orientation
	Fort - Grotte

INFORMATIONS PRATIQUES

i	Informations touristiques
P PR	Parking - Parking relais
M	Tramway - Métro
	Gare : ferroviaire, routière
	Téléphérique, télécabine
	Funiculaire, voie à crémaillère
	Chemin de fer touristique
	Poste - Marché couvert
	Transport de voitures et passagers
	Transport de passagers

AXES ROUTIERS, VOIRIES

	Autoroute ou assimilée
	Rue piétonne
	Rue impraticable, réglementée
	Escalier
	Sentier
B F	Bac passant voitures et passagers
	Pont mobile

SPORTS ET LOISIRS

	Piscine : de plein air, couverte
	Stade
	Hippodrome
	Port de plaisance

ABRÉVIATIONS ET SIGNES PARTICULIERS

H	Hôtel de ville	P	Préfecture, sous-préfecture
J	Palais de justice	POL.	Police
M	Musée	T	Théâtre